A ESSÊNCIA DA Autorrealização

A ESSÊNCIA DA AUTORREALIZAÇÃO

A SABEDORIA DE PARAMHANSA YOGANANDA

Textos anotados e compilados por seu discípulo Swami Kriyananda
(J. Donald Walters)

"A verdade simplesmente *é*. Não se trata de discutir se ela existe
ou não. Ela deve ser percebida por toda pessoa no
seu Eu interior e imutável."
– Paramhansa Yogananda

Tradução de
Alípio Correia de Franca Neto

Editora Pensamento
SÃO PAULO

Título original: *The Essence of Self-Realization – The Wisdom of Paramhansa Yogananda.*
Copyright © 1990 Hansa Trust.

Publicado originalmente por Crystal Clarity, Publishers, 14618 Tyler – Foote Road, Nevada City, CA 95959, USA.

Copyright da edição brasileira © 2012 Editora Pensamento-Cultrix Ltda.
3ª edição 2012.
4ª reimpressão 2021.

Todos os direitos reservados. Nenhuma parte desta obra pode ser reproduzida ou usada de qualquer forma ou por qualquer meio, eletrônico ou mecânico, inclusive fotocópias, gravações ou sistema de armazenamento em banco de dados, sem permissão por escrito, exceto nos casos de trechos curtos citados em resenhas críticas ou artigos de revistas.

A Editora Pensamento não se responsabiliza por eventuais mudanças ocorridas nos endereços convencionais ou eletrônicos citados neste livro.

Dados Internacionais de Catalogação na Publicação (CIP)
(Câmara Brasileira do Livro, SP, Brasil)

Yogananda, Paramhansa, 1893-1952.
  A essência da autorrealização : A sabedoria de Paramhansa Yogananda / textos anotados e compilados por seu discípulo Swami Kriyananda (J. Donald Walters) ; tradução de Alípio Correia de Franca Neto. -- São Paulo : Pensamento, 2010.

  Título original: The essence of self-realization : the wisdom of Paramhansa Yogananda.
  ISBN 978-85-315-1688-7

  1. Autorrealização 2. Desenvolvimento pessoal 3. Vida espiritual I. Kryananda, Swami. II. Walters, J. Donald. III. Título.

10-09978   CDD-294.544

Índices para catálogo sistemático:
  1. Sabedoria oriental : Espiritualidade : Hinduísmo 294.544

Direitos de tradução para o Brasil
adquiridos com exclusividade pela
EDITORA PENSAMENTO-CULTRIX LTDA.
Rua Dr. Mário Vicente, 368 — 04270-000 — São Paulo, SP
Fone: (11) 2066-9000
E-mail: atendimento@editorapensamento.com.br
http://www.editorapensamento.com.br

DEDICADO
Com amor e humildade a todos os seus discípulos

SUMÁRIO

◼

Introdução 9
Nota do Editor 11
A Loucura do Materialismo 15
O Verdadeiro Objetivo da Vida 21
A Natureza Onírica do Universo 27
A Alma e Deus 36
Um Deus, uma Religião 42
A Lei da Vida 53
O Pecado Equivale à Ignorância 60
A Lei do Karma 74
A Lição da Reencarnação 82
Como Melhorar o Karma 92
A Graça *versus* o Esforço Pessoal 107
A Necessidade de Yoga 117
A Estrada para o Infinito 125
A Necessidade de um Guru 130
O Papel do Discípulo 139
Maneiras de Adorar a Deus 149
Como Rezar com Eficiência 162
Sobre a Meditação 167
O Conselho Geral 178
A Autorrealização 192

INTRODUÇÃO

Convivi com Paramhansa Yogananda na condição de discípulo durante os últimos três anos e meio da sua vida. Depois de passar um ano e meio em sua companhia, ele começou a me solicitar que tomasse nota das coisas que ele dizia durante conversas informais. Estávamos no seu retiro solitário, onde ele completava seus comentários sobre o *Bhagavad Gita*.

A princípio, tive dificuldades. Eu não sabia taquigrafia e a minha caligrafia causava desânimo, até mesmo para mim. O Mestre, porém, fiel ao próprio ensinamento de que a pessoa deve se concentrar na luz em vez de nas trevas, não prestava atenção a esses obstáculos insignificantes; continuava a me solicitar que fizesse os apontamentos.

"Às vezes, não falo a partir do nível da *gyana* [sabedoria impessoal]", disse ele. Sua natureza comumente encontrava expressão no amor divino.

Meu entusiasmo crescia à proporção que eu compreendia que em nenhum lugar eu lera ou ouvira ensinamentos tão profundos, tão simples e tão convincentes.

"Tome nota disso!", ele me dizia, de viva voz, à medida que os anos passavam, durante as conversas com os monges ou com os visitantes. Vez por outra, na sua explanação, ele acrescentava, "eu nunca disse isso antes".

Pelo fato de a minha caligrafia ser o que era, nunca esperei poder acompanhá-lo. À medida que passavam as semanas, contudo, descobri que ele me concedera uma bênção extraordinária. Sozinho, eu conseguia ouvir a voz dele depois do nosso encontro, como que pronunciando as palavras na minha mente à medida que eu as anotava. Tão notável era essa bênção que, na Índia, anos depois, pude pôr à prova a minha memória no que diz respeito às suas palavras, e até mesmo consegui me lembrar de sentenças inteiras, que ele dissera em híndi ou em bengali, duas línguas que me eram desconhecidas enquanto ele estava vivo.

Mesmo hoje em dia, ouço claramente as suas palavras na minha mente, repletas de sabedoria, de amor divino e de poder espiritual – por vezes, aliados a um delicioso senso de humor. Suas conversas eram pontilhadas de anedotas; eram iluminadas por metáforas e continham a introvisão mais profunda em todos os níveis da realidade, humana e divina, que, por uma grande bênção, foi-me dado encontrar.

Swami Kriyananda
Ananda World Brotherhood Village
Nevada City, Califórnia

NOTA DO EDITOR

■

A Diferença entre Paramhansa e Paramahansa

A palavra *paramhansa*, *paramahansa*, ou ainda *paramahamsa*, significa "cisne supremo". Trata-se do mais alto título na religião hindu. Suas raízes estão em suas antigas doutrinas e, literalmente, também significa **EU SOU AQUELE**, ou o Espírito. O aspirante que se eleva acima do *hansa* ou acima do "eu", e que chegou na quarta e última etapa do Caminho Espiritual, torna-se uno com o Todo Universal.

De acordo com os eruditos em sânscrito, *paramhansa* é uma palavra escrita com mais propriedade na forma *paramahansa*, com um *a* extra medial. As minúcias dos estudiosos do orientalismo védico, porém, nem sempre coincidem com a compreensão da mente não instruída.

Em português, esse *a* medial torna mais problemática a pronúncia do ponto em que se faz uma pausa, dando, assim, ênfase a uma letra que, na Índia, não é pronunciada. Em outras palavras, as pessoas falantes de língua portuguesa ou, muito provavelmente, qualquer não indiano médio, pronuncia assim esta palavra: *paramahansa*. Entretanto, a pronúncia correta é *paramhansa*.

Para os ocidentais que simplesmente desejam tomar conhecimento, com certo grau de exatidão, de que modo pronunciar essa difícil palavra, convém dizer que os eruditos em sânscrito aceitam a pronúncia *paramhansa*.

A ESSÊNCIA DA AUTORREALIZAÇÃO

Capítulo 1

A LOUCURA DO MATERIALISMO

◼

1

"A verdade apenas *é*. Ela não pode ser eleita para a existência. Ela deve ser percebida por toda pessoa no seu Eu interior e imutável."

2

Disse Paramhansa Yogananda: "O homem que se entrega à ciência do materialismo utiliza as forças da natureza a fim de tornar melhor e mais confortável o ambiente do homem. O homem que se entrega à ciência do espírito utiliza o poder da mente para iluminar a alma.

"O poder da mente revela ao homem o caminho para a felicidade interior, e isso lhe confere imunidade no que diz respeito aos transtornos do mundo exterior.

"Dos dois tipos de homem de ciência, qual você diria que realiza obra mais importante? Certamente o homem que se entrega à ciência do espírito."

3

"De que vale desperdiçar todo o tempo em coisas passageiras? A moral do drama da existência está no fato de que a existência é apenas isto: um drama, uma ilusão.

"Os loucos, imaginando que a peça é real e duradoura, choram nas cenas tristes, se afligem com o fato de as cenas alegres não poderem durar, e se entristecem com o fato de a peça dever, enfim, terminar. O sofrimento é o castigo pela sua cegueira espiritual.

"Os sábios, contudo, percebendo o drama para a completa ilusão que ele significa, buscam a felicidade eterna no Eu interior.

"A vida, a quantos ignoram como manejá-la, é uma máquina terrível. Mais cedo ou mais tarde, essa máquina os faz em pedaços."

4

Um homem a quem o Paramhansa Yogananda conheceu em Nova York se queixou: "Não consigo me perdoar por ter passado trinta e cinco anos acumulando o meu primeiro milhão de dólares!"

"Você ainda não está satisfeito?", indagou o Mestre.

"Longe disso!", lamentou o homem de negócios. "Um amigo meu conseguiu economizar muito mais do que essa quantia. Só vou ficar satisfeito quando tiver conseguido quarenta milhões de dólares!"

Paramhansa Yogananda, recordando esse episódio anos depois, terminou seu relato dizendo: "Antes que esse homem pudesse juntar os seus quarenta milhões e passar o restante dos seus dias tranquilo e feliz, ele sofreu um total colapso nervoso. Logo depois, morreu.

"Tal é a consequência da excessiva ambição terrena."

5

Disse Yogananda: "Certa vez, vi um desenho de um cachorro atrelado a uma carroça pequena, embora carregada. O dono do cachorro descobrira um método ingênuo de fazer com que o cachorro puxasse a carroça para ele. Uma longa vara, presa à carroça, se projetava adiante sobre a cabeça do cachorro. Do ponto extremo da vara pendia uma salsicha de maneira tentadora. O cão, ao se esforçar inutilmente para alcançar a salsicha, mal percebia a carroça pesada que arrastava atrás de si.

"Quantos homens de negócio são assim! Eles pensam e pensam coisas como: 'Se eu puder juntar um pouco mais de dinheiro, vou ser finalmente feliz.' De alguma forma, a 'salsicha que lhes traz felicidade' continua a se afastar do seu alcance. Entretanto, observe: enquanto se empenham em alcançá-la, que fardo de preocupações e aborrecimentos eles arrastam atrás de si!"

6

"A posse das riquezas materiais, sem a paz interior, é semelhante a morrer de sede enquanto nos banhamos nas águas de um lago. Enquanto a pobreza material deve ser evitada, a pobreza espiritual deve ser abominada! Pois é a pobreza espiritual, e não a falta de bens materiais, que está no centro de todo o sofrimento humano."

7

"As pessoas se esquecem de que o preço do luxo equivale a despender cada vez mais a energia dos nervos e do cérebro, e à consequente diminuição do período de vida natural, que já é breve.

"Os materialistas se envolvem tanto com a tarefa de acumular dinheiro que não conseguem relaxar o bastante para usufruir o conforto, mesmo depois de o terem adquirido.

"Como a vida moderna é insatisfatória! Basta olhar para as pessoas à sua volta. Pergunte para você mesmo: essas pessoas são felizes? Repare na expressão de tristeza que há em tantos rostos. Observe o vazio nos olhos das pessoas.

"Uma vida materialista constitui uma tentação para a humanidade, com os seus sorrisos e certezas; entretanto, ela só é coerente nisso: posteriormente, ela jamais cumpre suas promessas!"

8

"Por trás de cada muda de rosa do prazer se esconde uma cascavel de sofrimento e de dor."

9

Paramhansa Yogananda, ao se dirigir a uma grande plateia nos Estados Unidos, disse o seguinte: "O homem moderno se orgulha da abordagem científica que faz no que concerne à realidade. Permitam-me, pois, fazer esta proposta: que vocês analisem a vida em si – num laboratório, por assim dizer. Os americanos adoram fazer experiências; sendo assim, por que vocês não fazem experiências consigo mesmos? Com as suas atitudes para com a vida, com os seus pensamentos, com o seu comportamento?

"Descubram o que vem a ser a vida, e de que forma a existência humana poderia melhorar. Descubram o que as pessoas mais querem na vida, e qual é o melhor meio de realizarem os seus desejos. Descubram o que elas mais querem evitar, e o modo como, no futuro, elas poderiam evitar esse 'convívio' indesejado.

"Na física e na química, se a pessoa deseja obter a resposta certa, ela deve formular a pergunta certa. O mesmo serve para a nossa vida. Tentem descobrir por que tantas pessoas são infelizes. Depois, tendo compreendido isso, procurem o melhor meio de alcançar a felicidade duradoura.

"Empenhem-se em encontrar soluções práticas – fórmulas que sirvam para todos. A abordagem que a pessoa faz da vida deveria ser tão científica quanto a abordagem do físico com respeito ao estudo que ele faz do universo.

"A religião em si deveria adotar uma abordagem mais científica da vida. Deveria buscar soluções práticas para os problemas fundamentais da existência.

"Na verdade, os princípios espirituais oferecem as soluções práticas de caráter universal."

10

"Um bebê chora querendo um brinquedo, e só para de chorar quando o obtém. Depois disso, ele o deixa de lado e começa a chorar por causa de outra coisa.

"Não é isso o que faz o homem materialista na sua busca interminável da felicidade? Tão logo ele obtém uma coisa, perde o interesse por essa coisa e prossegue a correr em busca de algo mais. Nada neste mundo o satisfaz durante muito tempo."

11

"A alma não pode encontrar sua felicidade perdida nas coisas materiais pelo simples fato de o consolo que essas coisas materiais oferecem ser falso. Depois de perder contato com a divina bênção dentro de si, o homem espera satisfazer sua necessidade com relação a essa bênção nos falsos prazeres dos sentidos. Nos níveis mais profundos do ser, porém, ele permanece consciente do seu estado anterior, celestial, em Deus. A verdadeira satisfação lhe escapa, pois o que ele busca, enquanto corre incansavelmente passando de um prazer sensual a outro, é a felicidade perdida no Senhor.

"Ah, cegueira! Quanto tempo mais continuarás, sofrendo com o aborrecimento, o tédio e a insatisfação, antes de buscares a alegria no interior, que é só onde ela pode ser encontrada?"

Capítulo 2

O VERDADEIRO OBJETIVO DA VIDA

◼

1

"Os que estão mergulhados na consciência corporal são como estrangeiros numa terra estranha. Nosso país nativo é a Onipresença. Na Terra, somos apenas viajantes – convidados a uma visita breve.

"Infelizmente, a maioria das pessoas faz de si mesmas convivas indesejáveis! Insistem em monopolizar uma pequena parcela da terra como se esta pertencesse verdadeiramente a elas. Essa gente pensa constantemente em termos de 'minha casa, minha mulher, meu marido, meus filhos'. Os embaraços materiais, aprazíveis e misteriosos, fazem com que continuem sonhando no sono da ilusão. Eles esquecem quem e o que realmente são.

"Acorde, antes que a sua vida de sonhos se desvaneça no infinito! Quando esse corpo tombar na morte, como ficará a sua família? O que será da sua casa? Do seu dinheiro? Você não é esse corpo. O corpo é tão somente um prato, dado a você a fim de que possa com ele se alimentar do banquete do Espírito.

"Por que não aprender essa lição essencial antes da morte? Por que esperar? Não se aferre às limitações da consciência humana; em vez disso, lembre-se da vastidão do Espírito interior."

2

"'Afastem-se', disse Krishna, 'do Meu oceano de sofrimentos e de infelicidade!' Com Deus, a vida é um banquete de felicidade, mas, sem Ele, é um ninho de perturbações, de dores e de decepções."

3

"O objetivo da vida humana não é o casamento, nem o alimento, nem a morte. Comer, beber e morrer apenas pertencem aos animais. Por que viver abaixo do seu real posto na vida?

"Deus lhe deu inteligência a fim de que você faça uso dela de modo apropriado, para deslindar o mistério da sua existência. Ele o fez inteligente a fim de que você desenvolva o sentido de discernimento para procurá-Lo. Utilize sabiamente esse dom divino. Não proceder dessa maneira é cometer a maior injustiça possível contra você mesmo."

4

"O verdadeiro objetivo da vida é conhecer Deus. As tentações do mundo lhe foram dadas para ajudá-lo a desenvolver o sentido do discernimento: você prefere os prazeres sensuais, ou escolhe Deus? Os prazeres parecem atraentes a princípio, no entanto, se você os escolher, mais cedo ou mais tarde ver-se-á enredado em inúmeros problemas e dificuldades.

"A perda da saúde, da paz de espírito e da felicidade é o quinhão de qualquer um que sucumbe ao engodo dos prazeres sensuais. Por outro lado, a alegria infinita é sua no momento em que você conhece Deus.

"Posteriormente, todo ser humano terá de aprender essa grande lição de vida."

5

"Observe as luzes de uma cidade tremeluzindo à distância. Não lhe parecem belas? No entanto, algumas dessas luzes talvez estejam iluminando grandes crimes.

"Não se deixe enganar pelos espetáculos exteriores da existência. O seu *glamour* é superficial. Olhe para além das aparências, para a verdade eterna que existe no interior da pessoa."

6

"Você não nasceu apenas para ganhar dinheiro, para ter filhos e para depois morrer! Um destino glorioso lhe pertence. Você nasceu do Infinito! Toda espécie de satisfação sonhada por você o espera em Deus. O infinito tesouro-morada é seu. Por que demorar-se? Por que desperdiçar tempo em rodeios sem conta? Siga direto em direção a Ele."

7

"Pense por um momento no que Jesus quis dizer ao afirmar: 'Que os mortos enterrem os seus mortos.'* O significado dessa frase diz respeito ao fato de muitas pessoas estarem mortas mas ignorarem isso; essas pessoas não têm ambições, nem iniciativa, nem entusiasmo espiritual, nem alegria de viver.

"O que adianta viver dessa maneira? A vida deveria ser uma contínua fonte de inspiração. Viver maquinalmente é estar morto por dentro, embora o corpo ainda respire!

---

* Mateus 8:22.

"A razão pela qual a vida das pessoas e tão sem graça e desinteressante é o fato de elas dependerem de canais pouco profundos para a sua felicidade, em vez de irem à fonte ilimitada de toda a alegria dentro delas mesmas."

8

"Este universo é um sonho de Deus. A própria vastidão do universo sugere a falta de limites da consciência.

"Imagine apenas uma esfera de luz. Visualize-a expandindo-se eternidade afora com a velocidade do pensamento. Poderia ela alcançar um ponto onde uma expansão posterior fosse impossível? Jamais! Embora a matéria tenha limitações, a consciência não tem nenhuma limitação.

"Você não percebe? Eis o que é o universo: infinito, porque as capacidades da consciência são infinitas. Assim como o pensamento antecede a ação, da mesma forma a matéria, tal qual essa esfera de luz em expansão, preencheu o espaço que o pensamento criara para ela.

"A substância fundamental do universo é a consciência. A matéria em si era simplesmente o pensamento na existência – primeiro como energia; depois, na forma de matéria. Pois esta é energia apenas num nível inferior de manifestação. A ciência moderna descobriu isso.

"A meditação científica há muito descobriu que a energia cósmica é simplesmente uma projeção da vontade de Deus."

9

"O homem não é importante pelo seu ego nem pela sua personalidade. Ele é importante porque, como uma alma, ele faz parte de Deus."

10

"Esses poucos anos da sua vida terrena são apenas uns tantos segundos quando comparados aos éons antes do seu nascimento e às extensões ilimitadas do tempo que ainda está por vir, muito depois de você ter deixado este mundo. Por que se identificar com esse rápido interlúdio material? Estes não são o *seu* corpo, a *sua* família, o *seu* país. Você é apenas um visitante aqui. Sua terra natal é o Infinito. O seu real período de vida é a Eternidade."

11

"As pessoas vivem de modo vicário em demasia – vivem da opinião alheia. Se você quer 'ter vida, e tê-la em abundância,'* como ensinou Jesus, você deve começar a viver a própria vida, não a de outras pessoas; a sua primeira preocupação deveria ser a de como cativar o Senhor, não a de como agradar ao seu companheiro.

"Nunca perca Deus de vista. Este mundo continuará a existir sem você. Você não é tão importante quanto pensa; na lata de lixo das eras, bilhões de pessoas foram lançadas. É o reconhecimento do Senhor que devemos cultivar, não o reconhecimento de outras pessoas."

12

"O objetivo da vida humana é encontrar Deus. Eis a única razão da nossa existência. O emprego, os amigos, os interesses materiais – em si mesmas, essas coisas nada significam. Elas jamais podem lhe proporcionar a verdadeira felicidade, pelo simples fato de que ne-

---
* João 10:10.

nhuma delas, em si, é completa. Apenas Deus é capaz de abranger todas as coisas.

"Eis o porquê de Jesus ter dito: 'Buscai em primeiro lugar o reino de Deus, e todas essas coisas vos serão dadas em acréscimo.'* Buscai primeiramente o Doador de todas as dádivas, e receberás dEle todas as suas dádivas de satisfação secundária."

---

* Mateus 6:33.

Capítulo 3

A NATUREZA ONÍRICA DO UNIVERSO

◾

1

"Perto de uma árvore, havia um fazendeiro absorto em pensamentos. A mulher dele apareceu correndo e, em prantos, anunciou que o único filho que tinham acabara de ser morto por uma cobra. O fazendeiro não disse palavra. Perplexa diante dessa aparente indiferença, a mulher gritou: 'Você não tem coração!'

"'Você não está compreendendo', replicou o fazendeiro. 'Na noite passada, sonhei que eu era um rei, e que tinha sete filhos. Eles saíram e se embrenharam na floresta, foram picados pelas cobras e morreram. No momento, me pergunto se eu devia chorar pelos meus sete filhos mortos no sonho, ou pelo nosso único filho que acaba de morrer nesse sonho que agora estamos sonhando.'

"O fazendeiro era um homem de visão espiritual. Para ele, o mundo material e o mundo onírico do subconsciente eram ambos igualmente irreais.

"Quando sonhamos à noite, esse sonho presente se desvanece no irreal, e apenas esse mundo onírico do subconsciente nos parece real. Quando voltamos uma vez mais ao sonho deste mundo, aquele outro sonho é esquecido.

"Todas as coisas existem apenas na consciência."

2

"Um homem dorme e sonha que é um soldado. Vai para a guerra, luta com bravura e é fatalmente ferido. Tristemente, sonha com a sua morte, que se aproxima. Talvez pense nos entes queridos que deixou para trás.

"De repente, ele acorda. Sentindo alívio e alegria, exclama: 'Ah! Não sou um soldado, e não estou morrendo! Foi só um sonho.' E se ri ao perceber que está vivo e passa bem.

"Entretanto, o que dizer do soldado que verdadeiramente luta nesta vida terrena, que é ferido e morto? Subitamente, no mundo astral, ele desperta e descobre que tudo não passou de um sonho; que naquele outro mundo ele não tem nenhum corpo físico, nenhuma carne que seja ferida, nenhum osso que seja fraturado.

"Você não percebe? Todas as experiências deste mundo são como essa experiência; são apenas experiências oníricas."

3

"O tempo e o espaço formam a estrutura imaginária sobre a qual o vasto universo foi construído.

"Suponhamos que estou adormecido, e que sonho que embarco num avião em Los Angeles e viajo doze mil milhas até a Índia. Quando acordo, percebo que toda essa experiência ocorreu no reduzido espaço do meu próprio cérebro, e que o tempo real transcorrido foi, talvez, o de apenas alguns segundos.

"Essa é a ilusão do tempo e do espaço, em que baseamos todas as nossas concepções humanas de realidade."

4

"Este mundo só lhe parece real porque a *sua* existência foi sonhada por Deus juntamente com o Seu sonho cósmico. Você faz parte do sonho de Deus.

"Se, à noite, você sonhar que bate a cabeça na parede, é possível que imagine que sente dor na cabeça. Contudo, no momento em que você acorda, compreende que não houve nenhuma parede em que pudesse bater a cabeça. A dor que você sentiu estava na sua mente, não na sua cabeça!

"O mesmo serve para este sonho que você está tendo agora. Desperte para a única Realidade, para Deus, e você perceberá que esta vida terrena é mera representação. Ela não é mais do que sombras e luz!"

5

"Num filme, a ação parece muito real. Entretanto, se você olhar para a sala de projeção verá que toda essa história está sendo produzida por um único raio de luz.

"Eis como são as coisas neste grande 'filme' da criação. 'Deus disse, Faça-se a luz.'* De dentro desse grande raio de luz cósmica se manifestou o Universo inteiro. Trata-se de um filme cósmico, e, em muitos aspectos, ele é semelhante ao filme exibido no cinema.

"Grande parte da diferença está no grau. No cinema, o que você observa apresenta duas dimensões, e é verdadeiro apenas aos sentidos da visão e da audição. O filme cósmico é tridimensional, e é verdadeiro também para os sentidos do paladar, do olfato e do tato.

---

* Gênesis 1:2.

"O filme que você vê no cinema pode levá-lo a rir e a chorar; contudo, como é mais comovente o filme de Deus, que envolve o sentido da profundidade, e não dois sentidos apenas, mas cinco!

"No entanto, esta vida não é mais real do que um filme."

6

"Agrada pensar", comentou um naturalista de maneira condescendente, "nas árvores, nas flores e nos rios como um sonho de Deus. Entretanto, a ciência revelou que todas as coisas, em essência, são as mesmas. Elas são tão somente aglomerados de prótons e de elétrons."

O Mestre não tardou em responder a semelhante desafio. "Se você jogar no chão um monte de tijolos", disse ele, "eles tomarão por si mesmos a forma de uma casa? Dificilmente... É preciso inteligência para fazer de uma pilha de tijolos algo que apresente certa significação.

"Os prótons e os elétrons são as construções de tijolos da criação. Foi preciso uma grande inteligência para moldá-los nas formas que contemplamos na Natureza: as flores e as árvores, as montanhas, os rios e os seres humanos pensantes."

7

"De onde veio a matéria para criar o Universo? Antes da criação, havia apenas Deus.

"Nada se explicaria se se dissesse: 'O Senhor é onipotente; Ele pode fazer qualquer milagre.' Até mesmo os milagres devem ter alguma base na realidade.

"Deus é consciência, ou então não é Deus. Independentemente do modo pelo qual Ele criou a matéria, isso teve de acontecer como um ato da Sua consciência. O Universo não pode ser real exceto como uma manifestação dessa consciência.

"Se isso for verdadeiro – e não poderia ser de outra forma –, a consciência, então, é a realidade, e a matéria, a ilusão.

"A ciência, em si, endossa essa afirmação, ou pelo menos faz isso a ponto de mostrar que a matéria, *do modo como a conhecemos*, é uma ilusão. O que vemos ao redor de nós mesmos não são sólidos rochedos, frondosas árvores, rios correntes e seres corpóreos, cada qual diferente dos demais. Por trás dessas aparências se encontram aglomerados de átomos a rodopiar. Até mesmo estes são uma ilusão, pois, por trás deles, está um oceano de energia que se manifesta por meio dos átomos na forma de rochas, de árvores, de água, e de corpos humanos e animais.

"Por fim, por trás da energia cósmica estão os pensamentos de Deus.

"Isso não quer dizer que o universo físico não seja real. Sua realidade, contudo, não é o que aparenta ser. A realidade que está por trás de todas as coisas é a consciência.

"A existência do Universo foi sonhada por Deus."

8

"Quem criou Deus?", perguntou um visitante. O Mestre sorriu.

"Muitos fazem essa pergunta. Por viverem no domínio da causa, imaginam que nada possa existir sem uma causa. Deus, portanto, a Causa Suprema, está além da causação. Não é necessário que Ele, por sua vez, tenha um criador.

"De que modo poderia o Absoluto depender para a sua existência de um outro Absoluto?"

9

"Na verdade, é um erro dizer que Deus criou o Universo. Ele não o criou – pelo menos, não do modo como um carpinteiro faz uma mesa.

"Deus *se tornou* o Universo. Sem alterar de forma nenhuma Sua natureza intrínseca, Ele manifestou uma parte da Sua consciência na forma de *maya* – a ilusão cósmica.

"Nada é como parece ser. Tudo o que existe é uma manifestação dos pensamentos de Deus."

10

"De que maneira Deus, a Realidade única, manifestou esse universo de aparências? Ele fez isso por via da lei da dualidade.

"Sua consciência única assumiu a forma dos opostos: do positivo e do negativo, da luz e das trevas, do prazer e da dor, e assim sucessivamente, até uma infinidade de ilusões contrastantes.

"Uma parte da Sua consciência se moveu. Como nos diz a Bíblia: '...e o Espírito de Deus pairava sobre a superfície das águas.'* Poderíamos comparar esse movimento ao movimento das ondas na superfície do mar. O nível do mar nunca muda, nem mesmo quando as ondas se alteiam, pois todo movimento ascendente num lugar é compensado por um movimento descendente num outro lugar. Como um todo, o nível da água continua sempre o mesmo.

"Ainda assim, Deus, o Oceano do Espírito, continua inalterado pela Sua criação. Na 'superfície' da Sua consciência, todavia, Seu espírito se move, e esse movimento, ou vibração, produz a dualidade, assim como as ondas do mar que se levantam e se quebram.

---

* Gênesis 1:2.

"O Uno Infinito fez vibrar uma parte de Si mesmo a fim de se tornar dois, e depois muitos, e assim prosseguiu até que a vibração cósmica produzisse as estrelas, as galáxias e os planetas, as flores, as árvores e os corpos humanos.

"A vibração cósmica é chamada de *Aum*. Trata-se do *Amém* do Apocalipse na Bíblia. Equivale ao *Verbo* no Evangelho de São João. É a 'música das esferas' dos antigos gregos. É o *Amin* dos muçulmanos, o *Ahunavar* dos zoroastristas. Tudo o que é veio a ser a partir dessa grande vibração.

"A vibração gera a dualidade. Para vir a conhecer a Realidade Una por trás de todas as aparências, afaste-se mentalmente dos estados opostos da Natureza. Aceite tranquilamente o que quer que lhe aconteça na vida: o prazer e a dor, a alegria e a tristeza, o êxito e o fracasso.

"Viva apenas em função de Deus. Apenas seja o Seu servo. Apenas ame-O."

11

"Mestre", perguntou um discípulo, "qual a função do mal na criação de Deus? Decerto, o Senhor é um Deus de bondade e de amor. Seria possível que, assim como afirmam certos escritores modernos, Ele ignore o mal?"

Sri Yogananda deu um risinho de satisfação. "Deus teria de ser bastante estúpido para não conhecer o mal! Ele, que se preocupa com a queda de um pardal, não teria consciência de uma coisa tão evidente?"

Disse o discípulo: "Talvez Ele não o conheça *na forma* do mal."

Yogananda: "No entanto, o aspecto que determina que uma coisa seja má é o dano que essa coisa pode nos causar. Certamente, Ele está consciente de que as pessoas vivem na ilusão, e de que, portanto, sofrem. Ele próprio criou essa ilusão."

O discípulo: "Então, Deus criou o mal?"

Yogananda: "O mal é o Seu *maya*, ou ilusão cósmica. Trata-se da força consciente que, quando passa a existir, busca se perpetuar a si própria. *Maya* é Satã. Essa força tenta manter a nossa consciência presa à Terra. Deus, a Realidade Una, tenta ao mesmo tempo nos levar de volta a Ele próprio, por meio do Seu amor divino."

O discípulo: "Mas, então, a Satã deve ter sido destinado a desempenhar um papel no divino projeto das coisas."

Yogananda, sorrindo: "O mal desempenha o mesmo papel do vilão numa peça de teatro. As iniquidades do vilão ajudam a despertar em nós o amor pelo herói e pelas ações virtuosas. De modo semelhante, o mal e suas dolorosas consequências têm o objetivo de despertar em nós o amor pela bondade e por Deus."

O discípulo: "Mas Mestre, se o bem e o mal são apenas partes de um drama cósmico, que importa o papel que desempenhamos na história? Quer como santos, quer como bandidos, nossos papéis serão uma ilusão, e não afetarão a nossa verdadeira natureza como seres criados a imagem de Deus."

O Mestre deu uma gargalhada. "No fundo, você está certo. Mas não esqueça que, se você desempenhar o papel do vilão numa peça, você também terá de receber nessa peça o castigo do vilão!

"Se, por outro lado, você desempenhar o papel de um santo, você despertará desse sonho cósmico e usufruirá a identidade com Aquele que Sonha por toda a eternidade."

12

O Mestre, dirigindo-se a um novo discípulo: "O que impede a Terra de se precipitar no espaço para longe do Sol?"

"A força da gravidade do Sol, senhor", replicou o discípulo.

"Então, o que impede a Terra de ser atraída para o Sol?"

"A força centrífuga da Terra, que a atrai constantemente para fora, para longe desse centro."

O Mestre, com uma satisfação íntima, deixou de lado a conversa. Meses depois, o discípulo compreendeu que o seu guru estivera falando por meio de metáforas sobre Deus como o Sol, sobre Deus atraindo todas as coisas para Si, e sobre o homem como a Terra, sempre tentando escapar à força de atração do amor de Deus enquanto corre atrás dos desejos terrenos.

Paramhansa Yogananda insinuava que uma pessoa não deveria, com a inquietação terrena, resistir à atração do amor divino sobre a sua alma.

Capítulo 4

A ALMA E DEUS

◼

1

"Deus é o oceano do Espírito, e os seres humanos são como as ondas que se levantam e se quebram na superfície do oceano.

"Vistas de um barco a remo, as ondas parecem infinitamente variadas. Algumas são grandes e ameaçadoras; outras, pequenas, e é fácil remar sobre elas; porém, quando a pessoa está num avião, tudo o que se vê é o oceano, não as ondas na superfície.

"Ainda assim, a alguém que está absorto na encenação de *maya* – à pessoa ligada ao sucesso e receosa do fracasso; preocupada com a saúde e com medo da doença; presa à existência terrena e com medo da morte – as ondas da experiência humana parecem reais e infinitamente variadas. Ao homem do desapego, entretanto, tudo é Brahma: Tudo é Deus.

"Quanto maior a tempestade, mais elevadas as ondas do oceano. Ainda assim, quanto mais violenta a tempestade da ilusão na mente da pessoa, mais essa pessoa se exalta com relação aos outros, e mais afirma a própria independência, tanto do homem como também de Deus.

"Poderá alguém escapar de seu Criador? Todos fazemos parte de Deus, da mesma forma que as ondas fazem parte do oceano. Nossa separação de Deus não passa de simples aparência.

"Quando as pessoas afirmam sua individualidade, e, por isso, se engrandecem na vaidade e no orgulho, elas se chocam agressivamente contra outras ondas do ego, instigadas todas elas pela tempestade de ilusão. Assim como as ondas do oceano numa tormenta, elas ondulam e se encapelam em toda parte, às vezes conquistando, às vezes sendo conquistadas, num frenesi sem fim de conflitos e de rivalidades.

"Numa tempestade, a superfície do oceano ignora a paz. De modo semelhante, enquanto a tormenta da ilusão ruge na mente humana, uma pessoa não sabe o que é ter paz, mas só conhece a tensão e a ansiedade.

"A paz chega quando a tempestade se aquieta, quer externamente, na natureza, quer internamente, na consciência da pessoa. Quando se amaina a tempestade de *maya*, as ondas do ego se amainam também. Quando o ego do devoto diminui, ele relaxa e aceita uma vez mais sua ligação com o Espírito infinito.

"Pessoas espiritualmente desenvolvidas não disputam entre si, porém mergulham na água alegremente, em feliz harmonia umas com as outras, com a natureza e com Deus."

2

Certa pessoa estudara superficialmente a filosofia indiana do *Vedanta* com o seu preceito de que "Tudo é Brahma". Depois, essa pessoa saiu mundo afora declarando a todos a seguinte frase: "Eu sou Deus!" Quando semelhante fanfarronada foi relatada a Paramhansa Yogananda, o Mestre deu risada.

"Como as pessoas são hábeis na sua ignorância! Não é o ensinamento do *Vedanta* a causa de semelhante afirmação cósmica na consciência do ego. Com acerto, o oceano pode dizer: 'Eu sou as ondas que dançam na minha superfície.' No entanto, tem a onda o direito de dizer 'Eu sou o oceano'? Isso é absurdo!

"Em primeiro lugar, crie uma unidade entre você e o oceano de Deus. Se nessa consciência você declara 'Eu sou Ele', você não haverá de falar na condição da onda diminuta, mas como o próprio oceano. Sua compreensão do 'Eu', pois, não será limitada pelo ego.

"Melhor ainda é dizer 'O oceano tornou-se essa diminuta onda formada por um corpo', para que as pessoas não interpretem mal o que você fala."

3

"Deus é a eletricidade, e os seres humanos são as lâmpadas. Estas talvez sejam infinitamente variadas na forma, na cor e na luminosidade. A real energia com que brilham, contudo, é a mesma para todas.

"As pessoas são enganadas pelas aparências. Elas dizem: 'Que bela pessoa! Que cabelo bonito! Que sorriso encantador!'

"Quando se apaga a luz em determinado cômodo, o que é feito da cor e do brilho da lâmpada?

"Jamais se esqueça da verdadeira Fonte de energia presente em você e em tudo o que você vê ao seu redor."

4

"Os seres humanos são como as bocas do fogão a gás por onde sai o fogo. Deus é o estoque de gás.

"Quanto maior a boca do fogão, maior também a chama. Ainda assim, quanto mais nos abrimos à presença de Deus dentro de nós, maior a luz e o poder que Ele pode manifestar na nossa vida.

"Uma vez mais, quanto menor a boca do fogão, mais fraca a chama. No entanto, quanto mais nos fechamos para Deus, por meio do orgulho e da indiferença no que diz respeito aos feitos de outras pessoas, mais fraca a chama do poder e da inspiração na nossa vida.

"É possível que, entupida, a boca de um fogão não produza chama, ainda que um pouco do gás consiga vazar por ela. De modo semelhante, muitas pessoas têm tão pouca vitalidade que o máximo que se pode dizer delas é que existem; essas pessoas não estão, a bem dizer, *vivas*. Esse é o tipo de gente a quem Jesus se referiu ao dizer: 'Que os mortos enterrem os seus mortos.'"*

5

"Visualize diversos vasos cheios de água num jardim. Depois, imagine o luar a iluminar o chão. Em cada vaso, o reflexo da Lua aparecerá separadamente; entretanto, todos os vasos, na verdade, refletirão a mesma Lua.

"Eis como Deus está presente na alma dos homens. Embora refletido em todo ser humano, Ele jamais é corrompido pela consciência humana. Mesmo que você venha a quebrar todos os vasos, o luar continuará a ser o mesmo.

"Sábio é aquele que, ao contemplar a luz da vida brilhando no seu pequenino 'vaso' da consciência humana, venera as suas origens na 'Lua' que está no alto – em Deus; entretanto, tolo é quem acaba absorto na Lua, no seu reflexo. Quando o vaso se quebrar, o que restará?"

6

"A doutrina hindu", disse Yogananda, "é panteísta. Os pensadores cristãos deturparam esse fato ao fazer uma acusação ao hinduísmo. O

---
* Matheus 8:22.

erro deles está em pensar que o panteísmo significa venerar Deus *como* todas as coisas, em vez de *como estando expresso em* todas as coisas.

"Não seria mais agradável ver as Suas manifestações em toda parte? Sua beleza no pôr do sol? Suas lágrimas pelos erros dos homens na chuva? Sua ternura expressa no amor que uma mãe tem pelo seu bebê? Se Deus é onipresente, não é óbvio que Ele deve estar *em* tudo? Devemos buscá-Lo por trás dos Seus véus.

"Até mesmo um véu, contudo, pode sugerir a forma que oculta. Todas as coisas na criação, para os que amam a Deus, fazem com que essas pessoas se lembrem de Deus.

"Como Jesus disse, é preciso lembrar, acima de tudo, que 'O reino de Deus está dentro de *vós*'."*

7

"O que é o ego?", indagou um fiel.

"O ego", replicou Paramhansa Yogananda, "é a alma ligada ao corpo."

8

"Assim como as ondas no oceano, os seres humanos se deslocam algum tempo, presas da tempestade da ilusão. O oceano, todavia, está sempre puxando, puxando. Mais cedo ou mais tarde, todas as ondas terão de voltar, fundir-se, por fim, no vasto Oceano do Amor Divino do qual vieram."

---

* Lucas 17:21.

9

"A autorrealização quer dizer fazer com que o seu verdadeiro Eu se realize na forma do grande oceano do Espírito, desfazendo a ilusão de que você é esse pequeno ego, esse pequeno corpo humano, essa diminuta personalidade humana."

Capítulo 5

UM DEUS, UMA RELIGIÃO

◼

1

"Um condutor de elefantes tinha seis filhos, todos eles cegos. Certa feita, ele deu a eles a tarefa de lavar o elefante. Quando os irmãos terminaram o serviço, começaram a discutir sobre que tipo de animal era o elefante.

"'Isso é fácil!', disse um deles. 'O elefante são alguns ossos.' Esse filho estivera lavando as presas do elefante.

"'Como você pode dizer uma coisa dessas?', protestou um outro filho. 'O elefante é uma corda espessa.' Esse filho estivera lavando a tromba do elefante.

"O terceiro filho insistiu em que o elefante tinha a forma de alguns leques. Esse filho estivera lavando as orelhas do elefante.

"Ao quarto filho, o elefante parecia quatro colunas. Esse filho estivera lavando as pernas do elefante.

"O quinto filho estivera lavando os flancos do elefante; esse filho o descreveu como uma parede que respirava.

"O sexto e último filho gritou: 'Meninos, vocês não vão me enganar! Eu *sei* o que ele é. Por experiência própria, descobri que o elefante é uma pequena corda pendente do céu.' Esse filho estivera lavando a cauda do elefante.

"Como cada filho expressasse a própria opinião insistentemente, seguiu-se uma discussão acalorada. Depois de algum tempo, o pai foi ter com eles e os ouviu gritar uns com os outros. Ao ouvir semelhante onda de intolerância, cada vez maior, ele bradou, aos risos: 'Meus filhos, vocês estão brigando à toa!'

"'À toa?', gritou um deles. 'Meus irmãos são todos mentirosos, e têm a audácia de chamar a *mim* de mentiroso!'

"'Meus queridos filhos', disse o pai de modo apaziguador, 'cada um de vocês lavou apenas uma parte do elefante, mas eu o vi inteiro. O elefante é tudo aquilo que cada um de vocês diz que ele é, mas', acrescentou, 'ele é muito mais do que qualquer um de vocês imagina.'

"E continuou a descrever para os filhos a aparência do elefante. 'Assim meus filhos', concluiu, 'vocês estão todos certos – mas também estão enganados!'

"O mesmo se dá com respeito a Deus", concluiu Sri Yogananda, "e com as abordagens que as diferentes religiões fazem dEle. Deus é um, mas são diversos os caminhos que levam a Ele. Incontáveis são, também, as formas pelas quais Ele pode ser descrito."

2

"Aqui no Ocidente, as pessoas falam dos hindus como se fossem pagãos. Mas você sabia que na Índia as pessoas descrevem os cristãos como pagãos? A ignorância está distribuída em partes iguais mundo afora.

"Os sábios, contudo, veem Deus em toda parte – até mesmo nas pessoas que não O conhecem."

3

"A verdadeira base da religião não é a crença, mas a experiência intuitiva. *A intuição é o poder que a alma tem de conhecer Deus.* Para saber sobre o que versa realmente a religião, a pessoa deve conhecer Deus."

4

"A fé é diferente da crença. A fé está enraizada na experiência. A crença é a fé provisória.

"A crença é necessária, a princípio. Sem ela, as pessoas não haveriam de se preocupar no sentido de procurar Deus. A simples crença, contudo, não basta. Quando as pessoas continuam satisfeitas com as crenças que têm, a religião delas se torna dogmática e, portanto, limita no que concerne ao crescimento posterior.

"Escute bem o que digo: faça da prática espiritual, e não da crença, o seu 'dogma'. Não se satisfaça nem mesmo com meditar regularmente, até encontrar Deus."

5

"Os verdadeiros guardiães da religião são os santos e os mestres – os que, por outras palavras, comungam com Deus. Não basta estudar as Escrituras e se tornar um D. T., ou seja, 'Doutor em Teologia'. (Sempre que vejo essas letras, penso em 'Doutor em Tolices'!) Em contraste com isso, muitos santos foram ignorantes. Quem conhece a verdade na sua alma, contudo, entende mais do que qualquer teólogo, cujo conhecimento derivou tão só dos livros e dos discursos intelectuais estéreis.

"'Deixai vir a mim as criancinhas', disse Jesus, 'pois delas é o reino de Deus.'"*

6

"Um burro pode carregar nas costas uma carga de Bíblias e de outros escritos sagrados. Haveria ele de se tornar, por isso, espiritualizado? É mais provável que o próprio peso de todos esses livros apenas o privasse de toda a paz que pudesse ter tido quando nada carregava!"

7

"Por que é que de uma Bíblia surgiram tantas igrejas e tantas opiniões diversas acerca da Verdade? Cada seita cristã oferece uma interpretação diferente do que Jesus quis dizer. Por quê?

"A resposta é que a compreensão das pessoas é limitada. Elas não podem imaginar coisa nenhuma exceto em termos da própria experiência que têm. Em vez de tentar descobrir a parte delas próprias criada à semelhança de Deus, procuram visualizar Deus segundo a própria imagem humana!

"Uma pessoa andando por vielas estreitas numa cidade só enxerga muros em ambos os lados; não lhe é dado ver os jardins atrás desses muros. Quando a pessoa está voando num avião, contudo, ela vê além dos muros, dos jardins, dos próprios limites da cidade – até mesmo além do horizonte dos que, sem estar cercados por muros, ainda continuam a pisar em terra firme."

---

* Mateus 19:14.

8

"É melhor uma verdade afirmada por um santo do que um dogma aceito por milhões de pessoas.

"Os números dos adeptos de uma religião não são a garantia da sua validade. Jamais aceite uma ideia apenas em virtude de ela ter conquistado apoio popular. Seja qualitativo, não quantitativo, na sua abordagem da Verdade, se quiser alcançar essa compreensão da Verdade que, conforme disse Jesus, é a única coisa capaz de libertar você."

9

"O sectarismo é o anátema da religião. Apenas os néscios pensam no seguinte: 'O meu caminho é único e verdadeiro. Todos os outros são falsos.'

"Contam que quando Billy Sunday, o famoso evangelizador, morreu, São Pedro não o deixou entrar pelos 'portões perolados'.

"'O que quer dizer com isso? Não vai me deixar entrar?', perguntou o evangelizador, ultrajado.

"'O que você fez na Terra durante a sua vida para se aproximar de Deus?', inquiriu São Pedro.

"'Ora, e quanto aos milhares de pecadores que converti e enviei para o céu?'

"'Você pode tê-los mandado para o céu', replicou São Pedro, 'mas nenhum deles chegou.'"

10

"A ciência e a religião deveriam trabalhar juntas e de mãos dadas. Com a religião, a ciência pode aprender uma abordagem mais intuitiva da realidade: experiencial, em vez de apenas experimental. E com a ciência, a religião pode aprender a depender mais do senso comum – a ser mais razoável, e menos dogmática.

"Os fanáticos deveriam aprender sobretudo a pôr à prova as crenças deles, da mesma forma como faz a ciência. Os líderes religiosos deveriam estimular as pessoas a testar os ensinamentos da sua fé na própria vida, e não a continuar satisfeitos com as afirmações dos outros."

11

"Como é possível para um cristão aceitar a verdade de outras religiões?", indagou um crente ortodoxo. "Jesus não apenas nos deu uma doutrina: Ele também enfatizou a exclusividade dessa doutrina. Além disso, Ele salientou a própria condição única como Filho de Deus."

"Certamente, a verdade é única", replicou Yogananda. "Pois, já que são muitos os caminhos do erro, o caminho que leva *para fora* dele é apenas um.

"Há apenas um caminho para a alma: o que leva de volta a Deus. O erro das pessoas está em associar determinado nome a esse caminho, e em insistir que só esse nome seja aceito por todos.

"Quando se busca a Verdade, é preciso procurar os santos, não os padres e os sacerdotes. Em toda religião, é possível encontrar um santo. Os loucos e os pecadores também podem ser encontrados em toda parte.

"Não foram os sábios de outras religiões que Jesus combateu. Foi a ignorância espiritual com que Ele deparou em meio aos seus seguidores!"

12

"'Você está salvo?', um pregador ortodoxo perguntou-me certa vez. 'Salvo do quê?', indaguei. Achando que eu não estava disposto a me juntar a ele na sua limitada interpretação da verdade, ele gritou comigo nervosamente e disse: 'Você vai para o inferno!'

"Bem, o que é o inferno senão os tormentos causados por emoções nocivas como a raiva? Sorrindo, repliquei: 'Talvez eu vá para lá aos poucos, mas *você*, meu amigo, já está lá!'

"Outras pessoas haviam estado ouvindo a nossa conversa com muito interesse, enquanto viajávamos num trem. Quando lhe dei essa resposta, todos começaram a rir ruidosamente."

13

"Não serão as suas crenças que irão salvá-lo."

14

"A Bíblia condena a idolatria", observou um visitante cristão, "no entanto, li que em todo lar hindu há pelo menos um ídolo. De que modo podem os cristãos – e, quanto a isso, os judeus – deixar de condenar essa prática como algo pagão?"

Replicou o Mestre: "Imagine que você vê uma garotinha brincando com uma boneca e cuidando dela como se ela fosse a sua filhinha. Você ralharia com ela dizendo que 'a boneca é só um objeto inanimado'? Brincar com bonecas pode até mesmo cumprir o objetivo prático de ajudar a criança a se preparar para a maternidade algum dia.

"As imagens, de modo semelhante, podem ajudar as pessoas a despertar e a concentrar a devoção delas. Os cristãos por acaso não conservam imagens nos seus altares – Jesus, por exemplo, na cruz?

"Uma vez mais, pense em todas as imagens que Deus nos deu na Natureza. Pelo fato de O amarmos, a beleza das árvores, das flores e do pôr do sol não nos lembra a Sua beleza infinita?

"A idolatria condenada na Bíblia é a prática característica do ego de valorizar mais a criação do que o Criador: de venerar o dinheiro, e não o tesouro divino que há no Eu superior; de venerar o amor humano e não o amor divino; de venerar os vícios, que são falsos, tais como a bebida e o sexo, e não rezar pelo 'vício' do êxtase divino."

15

"A Bíblia", objetou um recém-chegado, quando da pregação de Paramhansa Yogananda, "nos diz que Jesus é o único Filho de Deus. Assim sendo, como você pode falar de outros mestres como sendo semelhantes a Ele?"

Respondeu o Mestre: "Quando os judeus acusaram Jesus de blasfêmia por Ele dizer 'Eu e meu Pai somos um só', Ele lhes respondeu, 'Não dizem as vossas Escrituras que *sois* deuses?'*

"Os seguidores de cada religião gostam de afirmar o caráter único das suas crenças. A afirmação deles, contudo, deriva das interpretações equívocas e da ignorância dos homens. Todos gostam de afirmar que aquilo que possuem é, também, o melhor!

"Jesus, como todos os grandes mestres, falou a partir de dois níveis de identidade: o nível humano e o nível divino. Como ser humano, Ele pôde gritar na cruz, "Pai, por que me abandonastes?'; entretanto, no seu Eu superior infinito, divino, disse acertadamente que Ele era o único Filho de Deus. Pois nessa consciência Ele estava identificado com a Consciência de Cristo, que é o único reflexo de Deus em toda a criação, o Pai além da criação.

---

* João 10:34.

"A Consciência de Cristo não é um homem com barba e com uma longa túnica branca a cair graciosa pelo corpo! Quando Jesus usava o pronome 'Eu', falando a partir desse amplo estado de consciência, ele estava se referindo ao Eu superior infinito de todos os seres, não seu frágil corpo humano.

"A Consciência de Cristo está por trás de todo o Universo criado. Quem quer que afaste a sua consciência da ligação com o ego e a associe ao Infinito pode, com todo o direito, dizer em companhia de Jesus: 'Eu sou o Filho de Deus.'

"Além disso, pode dizer: 'Eu e o meu Pai somos um', exatamente como disse Jesus, visto que o Filho e o Pai são aspectos da mesma realidade.

"Nesse estado, a sua consciência do 'Eu' não é mais limitada pelo humano. A onda voltou ao vasto oceano de que proveio, e nele se fundiu. Ela *se tornou* o oceano."

16

"O senhor diz que o objetivo da vida é encontrar Deus", disse, em tom de desafio, um estudante de religiões comparadas. "Entretanto, essa crença não é aceita universalmente. Por exemplo, os budistas nem sequer acreditam em Deus."

Yogananda replicou: "Buda não era um ateu. Seus ensinamentos, no entanto, como os de todo grande mestre, tinham de corrigir as interpretações errôneas da sua época. Naqueles tempos, as pessoas estavam propensas a permitir que Deus agisse no lugar delas, em termos de espírito. Portanto, Buda ressaltou a importância do esforço humano na busca espiritual.

"Como se costuma dizer, 'só se pode aprender pondo em prática'. Os que praticam com profundidade os ensinamentos de Buda, e não os que tão somente apresentam argumentos sobre a sua doutrina, alcançam o seu objetivo. Ao fazer isso, descobrem que esse objetivo é o mesmo de todas as outras grandes religiões: a compreensão do Eu superior infinito e a libertação das malhas da ilusão.

"Quanto a procurar o consenso entre todas as religiões no mundo", prosseguiu o Mestre, "seria um erro supor que todas elas derivam igualmente do mesmo nível de introvisão divina."

17

"As verdades que fundamentam a religião são eternas. Elas não podem ser inventadas. A partir de sua fonte na compreensão de mestres que receberam a iluminação de Deus, elas se diluem no seu contato com os seres humanos, faltos dessa iluminação.

"Eis por que Deus de vez em quando envia Seus filhos despertos de volta à Terra para reviver o espírito da religião e para levar de volta os ensinamentos eternos à prístina pureza deles.

"Sempre haverá diferenças quanto à ênfase, de conformidade com as necessidades variáveis das épocas. As verdades fundamentais, todavia, permanecem para sempre as mesmas."

18

Perguntou um estudante: "Qual é o propósito específico da nossa missão na Terra?"

Respondeu Yogananda: "Despertar as pessoas para a sua necessidade de autorrealização, por meio da meditação e das boas companhias, dos bons amigos, com outras almas que procuram a Verdade.

"Daí o nome desta organização, Sociedade da Autorrealização. A SAR foi enviada para trazer de volta ao mundo os ensinamentos originais e a ciência do yoga do modo como foi ensinada por Krishna, e a Cristandade de Jesus Cristo original."

19

Indagou um visitante: "Seus ensinamentos constituem uma nova religião?"

Respondeu o Mestre: "Trata-se de uma *nova expressão* de verdades eternas."

20

As grandes religiões do mundo sempre foram trazidas pelos *avatares* – encarnações ou "descendências" de Deus. Krishna foi uma dessas encarnações. Jesus Cristo e Buda também foram. Um *avatar* é um mestre que se libertou totalmente e que volta para a Terra a fim de cumprir uma missão divina específica.

Esse discípulo, certa ocasião, perguntou a Paramhansa Yogananda: "O senhor é um *avatar*, Mestre?"

Serenamente e com simplicidade, o Mestre replicou: "Uma obra desta importância só poderia ter sido iniciada por um *avatar*."

Capítulo 6

A LEI DA VIDA

◼

1

"Há uma lei da vida fundamental. Para compreendê-la, precisamos entender de onde procede a vida, e para onde ela se vai. Devemos olhar para além dos objetivos imediatos das pessoas, para o que elas objetivam como fim na sua vida. Temos de considerar o destino máximo da vida; por outras palavras, o seu supremo potencial para o desenvolvimento.

"A vida, do modo como é vista através dos olhos das pessoas, parece infinitamente complexa. A humanidade é impelida por incontáveis desejos, e procura a satisfação desses desejos de formas inumeráveis. Há, contudo, certos impulsos fundamentais que são universais para a humanidade e para as criaturas em todos os lugares.

"Charles Darwin identificou o primeiro desses impulsos. A vida, declarou ele, é uma luta interminável pela sobrevivência. A afirmação dele, entretanto, é incompleta. A sobrevivência *é* um dos instintos fundamentais da vida, certamente; porém, sobrevivência para quê? Sobreviver num estado de coma? É claro que não! A consciência, também, é uma necessidade universal. As criaturas vivas não apenas querem existir: elas querem estar conscientes da sua existência.

"É preciso acrescentar um terceiro impulso, sem o qual até mesmo a existência eterna, consciente, seria incompleta. Pois se uma criatura sofre muito por muito tempo, não preferirá ela a morte à consciência ou à existência prolongadas? Os seres vivos querem estar conscientes da sua existência; contudo, também querem conscientemente *usufruir* essa existência.

"O instinto fundamental da vida, pois, talvez seja resumido dessa forma: como *um desejo de uma existência prolongada e consciente num estado de perpétua satisfação*. Podemos substituir a expressão, 'existência prolongada' pela palavra 'imortalidade'.

"Assim, todos os seres revelam a sua natureza divina. Pois isso é o que Deus é: sempre-existente, sempre-consciente, sempre-nova-bem-aventurança – ou *satchidananda*, como Swami Shankaracharya O definiu muitos séculos atrás.* Deus pode ser definido de incontáveis maneiras: como infinita Luz, Poder, Sabedoria e assim por diante. A definição mais significativa, contudo, em termos dos impulsos fundamentais da vida, é *satchidananda*.

"A lei da vida se refere ao impulso básico, que está por trás de todos os desejos, para *satchidananda*. Todo ser vivo é governado por esse impulso.

"O forte e arraigado desejo por essa bem-aventurança eterna se manifesta, primeiramente, no constante esforço de todas as criaturas no sentido de evitar a dor; em segundo lugar, na sua luta incessante de encontrar a felicidade ou a alegria.

"As complexidades vêm à luz porque a alegria da alma é esquecida e porque as pessoas a substituem pelos prazeres transitórios dos sentidos. Todas as coisas, no entanto, advêm da Bem-aventurança, ou

---

*"Existência-consciência-bem-aventurança." Paramhansa Yogananda, embora sem afirmar agir dessa forma, deu uma interpretação mais completa do que a que uma pessoa pode encontrar em textos comuns sobre o assunto. Pois a natureza eterna desse estado não é de ordinário enfatizada, embora seja, evidentemente, admitida. Entretanto, é importante ressaltar esse aspecto, de vez que o termo *satchidananda* foi cunhado a fim de mostrar de que modo a natureza de Deus corresponde aos mais importantes impulsos da existência. Além do mais, a definição de *ananda* dada por Yogananda como certa beatitude que é *sempre-nova* completa a representação contrastando a satisfação divina com a terrena, esta terminando sempre em fastio e saciedade. (N. do Org.)

Deus. Consequentemente, todas as coisas devem se desenvolver e voltar para esse estado de Bem-aventurança."

2

Perguntou um visitante: "Não parece uma coisa trivial definir Deus como alegria, e igualar a procura do homem quanto a Ele com a busca da felicidade? Certamente, o dever é mais importante do que o desejo de satisfação pessoal. E Deus é um conceito tão amplo que não consigo realmente imaginá-Lo como um tipo de exaltação da alegria.

"Certa vez, li em algum lugar sobre a 'encantadora solenidade' de uma existência vivida na presença de Deus. Confesso que considero esse conceito muito mais satisfatório."

Paramhansa Yogananda replicou: "Gostaria você de viver nessa 'encantadora solenidade' por toda a eternidade?"

"Bem, não posso realmente conceber a eternidade", admitiu o visitante. "Mas não, suponho que esperaria algo mais."

Disse Yogananda: "Percebe? Devemos buscar Deus com fervor e devoção. E de que modo podemos procurar avidamente alguma coisa que não é bastante significativa para nós?

"As pessoas", acrescentou ele, "contemplam Deus à distância quando O consideram com demasiado temor religioso. Elas vão à igreja fazendo isso como se se tratasse de um dever solene, e demonstram abatimento como se estivessem presentes a um funeral. A verdade é que encontrar Deus significa enterrar todas as tristezas!

"Diante de nosso Pai Celestial, deveríamos ser como criancinhas. Ele gosta disso. Ele já tem responsabilidades sérias o bastante no governo deste mundo! Ele é o senhor de todas as coisas. Ele conhece todas as coisas; é onipotente. A única coisa que Lhe falta é o nosso amor. Isso é o que Deus quer de nós: o nosso amor; a nossa de fé nEle; a nossa alegria na Sua infinita alegria.

"Ele não necessita de nossas definições teológicas. Tampouco quer orações elaboradas à perfeição a fim de que elas não ultrajem Seus ouvidos imperiais. Ele quer que O amemos com simplicidade, do modo como as crianças amam."

3

Um homem sobrecarregado de tarefas comuns perguntou: "Que papel desempenha o dever no caminho para a alegria interior?"

Sri Yogananda replicou: "Viver sem responsabilidades é viver para o ego, não para Deus. Quanto maior a ênfase que a pessoa dá à satisfação do ego, menor a sua percepção da verdadeira alegria.

"Cumprir os deveres na vida pode não ser fácil, e nem sempre pode ser uma coisa compensadora a curto prazo. Alcançar a alegria divina é um objetivo que demora muito tempo para ser alcançado. O homem deve cumprir seus deveres na vida, não evitá-los, se quiser se tornar livre na eternidade."

4

"O que é o mal?", perguntou um devoto.

"O mal", respondeu Yogananda, "é a ausência da alegria verdadeira. Só isso é nocivo. Por outro lado, é possível dizer que um tigre pratica o mal matando a sua presa? Matar é da natureza do tigre, aspecto que lhe é peculiar porque Deus quis assim. As leis da natureza são impessoais.

"O mal entra em cena quando a pessoa tem o potencial para chegar à alegria interior. Tudo o que nos separa desse divino estado do ser é mal para nós, porque afasta a nossa percepção do que realmente somos e do que realmente queremos na vida.

"Daí as imposições das Escrituras contra a luxúria e o orgulho, por exemplo. Os Dez Mandamentos zelam pelo bem-estar do homem, e não existem em função da satisfaçao do Senhor! Eles são advertências feitas aos incautos, no sentido de que, embora certas atitudes possam a princípio parecer compensadoras, o fim da estrada para qualquer um que as procure não é a felicidade, mas a dor."

5

"A lei da vida se destina a nos ensinar de que modo viver em harmonia com a Natureza objetiva e com a nossa verdadeira natureza interior.

"Se você encostar o dedo num fogão quente, ele vai se queimar. A dor que você sentirá será um alerta dado pela Natureza para o proteger quanto a causar danos ao seu corpo.

"Se você tratar os outros de maneira indelicada, indelicadeza é o que você receberá em troca, tanto dos outros como da vida. Além do mais, seu coração murchará e secará. Assim, a Natureza adverte as pessoas de que a rudeza a que se entregam causa danos ao seu Eu interior.

"Quando temos consciência do que significa a lei e agimos conformemente, vivemos na felicidade duradoura, temos saúde e estamos em perfeita harmonia com nós mesmos e com toda a vida."

6

"Se somos os filhos de Deus, e se Ele nos ama, por que Ele permite que soframos?"

A essa pergunta, que não raro era formulada, o Mestre certa vez respondeu: "O sofrimento é um lembrete de que este mundo não é o nosso lar. Se ele fosse perfeitamente adequado para nós, quantas pessoas haveriam de procurar um mundo melhor? Mesmo com o fato de as coisas serem tão imperfeitas como são, repare em quão poucas pessoas procuram Deus! Entre mil pessoas, disse Krishna, talvez uma procure Deus.

"A lei da vida é a seguinte: quanto menos a pessoa vive em harmonia com a verdade interior, mais ela padece; porém, quanto mais vive em harmonia com essa verdade, mais ela sente a felicidade imorredoura. Nada, então, pode afetar essa pessoa, ainda que o seu corpo definhe com a doença e que os demais a ridicularizem e persigam. Passando por todas as vicissitudes da vida, essa pessoa continua sempre concentrada alegremente no Eu superior que habita dentro de nós."

7

"Certa vez, conheci na Índia um santo que tinha uma mulher demasiado voltada para as coisas materiais. Em circunstâncias normais, uma mulher assim haveria de constituir, para um devoto, um grande desafio. Esse santo, porém, me disse, com humor: 'Eu a enganei. Ela não sabe onde eu estou!'; o que ele queria dizer era que as repressões dela não lhe afetavam a paz que ele sentia em Deus.

"Nem mesmo grandes tormentos exteriores podem afetá-lo quando você aprendeu a habitar sempre no seu Eu interior."

8

Um discípulo, perturbado certa feita por um enxame de moscas enquanto trabalhava no jardim da ermida, bradou, exasperado: "Mestre, por que a paz desses jardins tem de ser perturbada por essa praga?"

Com um sorriso, o Mestre respondeu: "É assim que Deus faz para que sempre continuemos seguindo em direção a Ele."

9

Um membro da congregação de uma das igrejas da Sociedade da Autorrealização, acossado pela dúvida, foi ao encontro de Paramhansa Yogananda. "Mestre", disse ela, "algumas pessoas afirmam que, com tanto sofrimento no mundo, não é justo que uma pessoa se sinta feliz. A satisfação pessoal não implicaria, pois, uma falta de compaixão quanto ao sofrimento alheio?

"Jesus", acrescentou ela, "é por vezes descrito como um 'homem triste'. Jamais deparei com uma descrição Sua que o retratasse como um homem alegre."

Paramhansa Yogananda respondeu: "O Jesus que conheço é alguém que vive em beatitude, não alguém infeliz! Ele sofre pelas dores da humanidade, de fato, mas sua dor não faz dEle alguém assaltado pelo sofrimento.

"Se Ele se entregasse de todo a tristeza dos outros, o que teria para dar às pessoas a não ser mais infelicidade?

"A bem-aventurança de Deus faz com que os homens que a sentem se compadeçam de milhões de pessoas que perderam a razão de viver. A compaixão, no entanto, só faz acrescentar-se ao estado de beatitude dessas pessoas; ela não o diminui. Pois a beatitude é a cura que todos os homens procuram, consciente ou inconscientemente. Não se trata de uma coisa paralela, que não se relaciona com o sofrimento. Quanto mais uma pessoa se sente abençoada, mais ela deseja partilhar sua bênção com todos.

"A alegria divina vem com o desenvolvimento pessoal. O sofrimento por outro lado, é consequência do egoísmo, do ego concentrado em si próprio. A alegria desperta a compaixão no coração. Faz com que a pessoa queira infundir a bênção divina nos que choram na sua tristeza."

Capítulo 7

O PECADO EQUIVALE À IGNORÂNCIA

◼

1

"O que é o pecado?", perguntou um discípulo.

"O pecado equivale ao erro; ele é consequência da ignorância", replicou o Mestre.

"O que é a ignorância? E o erro?"

"A ignorância é a falta de percepção das realidades do espírito, e a substituição da ilusão em que se vive por essas realidades. O erro é toda ação que se baseie nesse conceito equívoco."

"O pecado não significa, pois, violar os Dez Mandamentos de Deus?", indagou o discípulo.

"Exatamente", respondeu Yogananda. "Mas faça a você mesmo a seguinte pergunta: Por que Deus deu esses mandamentos à humanidade? Esse fato não foi algo arbitrário. E certamente não se destinava a nos impedir de encontrar a felicidade. Em vez disso, visava nos advertir de que certos tipos de comportamento haverão de intensificar o império da ilusão sobre a nossa mente, e nos haverão de privar da verdadeira felicidade.

"Se alguém pensa no pecado como o desrespeito aos mandamentos de Deus, vem à luz a ideia da cólera de Deus e do julgamento implacável; mas o Senhor é quem nos governa! Nós somos os Seus filhos. Por que deveria Ele nos julgar? Somos nós, em vez disso, que julgamos a nós mesmos ao imaginar que tudo o que fazemos não merece perdão; no entanto, se entendermos o pecado como erro, perceberemos que nossos erros são passíveis de correção."

Paramhansa Yogananda prosseguiu, referindo-se ao seu próprio guru: "Sri Yukteswar costumava dizer, conforme escrevi em *Autobiografia de um Yogue*, 'Esqueça o passado. Na vida de muitos homens, o passado está manchado por muitos atos vergonhosos. A conduta humana é sempre falível quando o homem não está ancorado no Divino. No futuro, todas as coisas haverão de melhorar se você no momento estiver se esforçando, em termos de espiritualidade, para tanto'.*

"Eu sempre gosto de lembrar às pessoas esta simples verdade: Um santo é um pecador que não desistiu de fazer progressos!"

2

"Por que o crime é um pecado? Porque a vida que lhe pertence é a mesma de todos os seres. Negar a quem quer que seja o direito de viver é negar a realidade dessa vida universal da qual você, também, é uma manifestação. Em termos de espírito, o crime é um suicídio.

"Por que é pecaminoso roubar? Porque o que você nega aos outros nega também a si próprio, já que o Eu superior dos outros é também seu Eu superior. Invariavelmente, ao fim e ao cabo, o ladrão se torna cada vez mais pobre. Dando ênfase aos desejos egoístas e colocando-os acima da compreensão do seu Eu universal, ele se afasta da verdadeira e única Fonte de vida e de toda a fartura. Roubando dos outros em proveito do ganho egoísta, ele acaba por diminuir a sua verdadeira identidade em vez de, como acredita, aumentá-la.

---

* *Autobiografia de um Yogue*, Capítulo 12, "Os Anos que Passei na Ermida do Meu Mestre", Sociedade da Autorrealização, Los Angeles, Califórnia.

"Por outro lado, dar de si mesmo aos outros aumenta essa identidade e abre a inesgotável Fonte de abundância.

"Por que é algo pecaminoso dizer mentiras? Porque, pela mentira, a pessoa se afasta da realidade e daquela verdade superior que, sozinha, como afirmou Jesus, 'haverá de libertá-lo'.* Ao contar mentiras, a pessoa se isola do amparo que o universo proporciona gratuita e amorosamente a todos os que vivem em harmonia com as suas leis.

"O mentiroso arruína os fundamentos de todas as coisas que tenta construir neste mundo. Por fim, tudo se torna uma casa construída sobre a areia. As palavras simples de um homem que diz a verdade, por outro lado, são consistentes no universo.

"E por que a lascívia é um pecado? Porque ela é a falsificação do amor. Porque leva as pessoas na direção oposta à satisfação que há no verdadeiro amor. Este é divino, magnânimo, nunca egoísta.

"O homem lascivo, ao buscar o próprio prazer nos outros, se enfraquece, até mesmo quando se ilude no sentido de que se torna mais forte. Ele se afasta da alegria espiritual, até mesmo quando imagina que encontrou a felicidade por que anseia. No final, o único êxito que obtém é o de criar a desarmonia em si próprio e nos outros.

"A harmonia é o caminho do amor. A desarmonia é o caminho da autoafirmação. A pessoa lasciva perde a saúde, a paz de espírito e a própria oportunidade que imaginou ter encontrado no sentido de vir a se realizar. Ela se torna cada vez mais cansada e nervosa, envelhece precocemente, tudo isso porque essa pessoa negou o amor divino, a fonte de bem-estar verdadeiro e duradouro.

"E as mesmas coisas acontecem com respeito a todos os tipos de pecado. O pecado é uma negação da natureza mais profunda da própria pessoa – daquela Vida Infinita que é a realidade que está por trás de todos os seres vivos."

---

* João 8:32.

3

"Um homem que caminhava numa região do país em que diamantes foram encontrados chegou a uma área coberta de cacos de vidro, que reluziam à luz do sol.

"'Diamantes!', pensou, animado. Abaixando-se para pegar um deles, percebeu que se tratava apenas de um caco de vidro. Desapontado, atirou-o longe e estendeu o braço para apanhar outro. Mas este, também, era apenas um caco de vidro. E assim ele prosseguiu a apanhar um caco de vidro atrás do outro. Algumas vezes, ele se cortava com os cacos mais afiados. Todo caco que apanhava era tão enganador quanto os anteriores.

"Assim é o caminho do pecado. Atraente é o seu falso brilho, mas a experiência mostra no final não se tratar de outra coisa senão de um 'caco de vidro'. Por vezes, esse caco de vidro faz com que a pessoa que o apanha se corte. Ele sempre causa decepção.

"Os prazeres sensuais só podem terminar em fastio, em marasmo angustiante e em desgosto. Por quê? Pelo simples fato de que os seus sentidos físicos não são o seu verdadeiro Eu."

4

"É fácil pecar. Entretanto, os efeitos do pecado não são desfeitos com facilidade. Depois de descascar o alho, as mãos da pessoa ficam com o cheiro dele. A pessoa pode ficar lavando as mãos muito tempo até não haver mais o cheiro do alho nelas.

"O cheiro, contudo, *pode* ser eliminado. Também o pecado pode ser eliminado por meio da meditação, da oração e da ação reta, e mediante a graça de Deus. Nunca duvide disso. Todos os seus pecados *devem* ser eliminados no final.

"No entanto, por que fazer em primeiro lugar aquilo que, no final, e com grande esforço da sua parte, terá de ser desfeito?"

5

"Quando os desejos causarem perturbação à mente, sempre se lembre da seguinte verdade: 'Quando se alcança o êxtase, tudo se esvai!'"

6

"Jamais se identifique com os erros que você cometeu. Você é um filho de Deus. Afirme o seu relacionamento eterno com Ele."

7

"O pior pecado é chamar a si próprio de pecador. Pois nesse mesmo pensamento você abre as portas para que o pecado entre na sua alma."

8

"Definir-se em termos de perceber as suas limitações humanas é profanar a imagem de Deus dentro de você."

9

"Não fique muito tempo pensando nas suas imperfeições. Em vez disso, lembre-se das boas coisas que você fez e da bondade que existe no mundo. Convença-se da sua perfeição inata. Desse modo, você ficará propenso a se lembrar da sua natureza eterna na condição de filho de Deus."

10

"Um cômodo pode continuar nas trevas por mil anos; no entanto, se se leva uma luz até ele, imediatamente as trevas se dissipam.

"O mesmo se dá com o pecado. Você não pode expulsar da mente o pecado, da mesma forma que não pode dispersar as trevas num quarto com uma vara. Na verdade, concentrando-se na ilusão você só faz aumentar o império dela sobre a sua mente. Introduza, todavia, a luz de Deus por meio da meditação profunda e da devoção, e a escuridão se dissipará como se nunca tivesse existido."

11

Paramhansa Yogananda disse: "Por vezes, entre cristãos que frequentam a igreja, ouve-se a afirmação, 'Somos todos pecadores!' (Pensamos, então, se isso não é quase motivo de orgulho!)

"Veja bem, há uma distinção entre Cristandade e o que chamo de 'Igrejismo'. A Cristandade é a doutrina original de Jesus. 'Igrejismo' é o que os seguidores da Igreja fizeram dessa doutrina. Jesus foi crucificado um dia, mas os seus ensinamentos têm sido diariamente 'crucificados' desde então por milhões de pessoas que afirmam ser cristãos.

"Por que pensar que você é um pecador? Ora, isso pode ser sensato algumas vezes, em nome da humildade, contanto que a sua atenção esteja voltada para a grandeza de Deus e não para a sua condição insignificante diante dEle. Mas por que ficar pensando nos aspectos negativos e nas limitações?

"Se você quiser descobrir algo de valor que foi enterrado num deslizamento de lama, você não ficará pensando nesse objeto à medida que escavar a lama? Se você se concentrasse apenas na lama, poderia perder de vista o seu objetivo ao cavar, e deixaria de lado a busca."

12

"Jamais leve em consideração os seus defeitos. Considere apenas fato de o seu amor por Deus ser verdadeiramente sincero. Pois Deus não se importa com as suas imperfeições: Ele se importa com a sua indiferença."

13

"Se você cobrisse uma imagem de ouro com um pano preto, você poderia afirmar que a imagem se tornou negra? Evidentemente que não! Você haveria de saber que, por trás do véu, a imagem ainda seria de ouro.

"O mesmo acontecerá quando você rasgar o véu negro da ignorância que ora envolve a sua alma. Você contemplará uma vez mais a beleza imutável da sua natureza divina."

14

"Certa vez, participei de um serviço divino levado a cabo por uma evangelista famosa. Durante o seu sermão, ela gritou de repente: 'Todos vocês são pecadores! Fiquem de joelhos!' Olhei firmemente ao meu redor. Em toda aquela ampla congregação, eu era o único que continuava em pé; eu não ia aceitar a afirmação que ela fez de que eu era um pecador!"

15

"Conceda a Deus não apenas o bem que você faz, mas também o mal. Não quero dizer que você deva deliberadamente fazer coisas que sejam erradas; porém, quando você não pode ajudar-se a si próprio, por causa dos seus hábitos, demasiado arraigados, diga a você mesmo que Deus realiza esses atos por intermédio de você.

"Afinal de contas, é Ele que sonhou a sua existência. Você apenas ficou hipnotizado com a ideia da sua fraqueza. Se você tornar o Senhor responsável por esses atos de fraqueza, ser-lhe-á útil acabar com o falso domínio que eles têm com relação à sua imaginação. Você achará mais fácil reconhecer em si mesmo a imagem perfeita de Deus."

16

"Nunca tenha medo de Deus. Conte-lhe as coisas erradas que fez. Diga-lhe que você é o Seu filho. Isso é muito melhor do que se lamentar dizendo: 'Senhor, eu sou um pecador!' Você foi feito à Sua imagem. Reze, portanto, valendo-se das seguintes palavras: 'Bem, Senhor, cometi erros. Aceito a ideia de ser castigado. No entanto, já que O conheço não cairei mais em tentação.'

"Comunique-se com Ele usando de franqueza. Não pedimos para ser criados. Não pedimos a tentação. Um grande santo na Índia costumava rezar: 'Senhor, não foi meu desejo ser criado por Ti; porém, já que me criaste deste jeito, tens de me libertar!'; fale com Ele dessa forma, e sempre de modo amável. Então, por fim, independentemente das suas faltas, Ele terá de purificá-lo das suas imperfeições, e levá-lo ao lar a que você pertence."

17

"A simples ideia de que não somos livres é o que nos impede de sermos livres. Ah, se pudéssemos acabar ao menos com essa ideia! Poderíamos entrar em *samadhi*.*

"*Samadhi* não é algo que tenhamos de adquirir. Nós já temos *samadhi*. Basta pensar nisso: eternamente, temos estado em companhia de Deus; por um breve período de tempo, ficamos iludidos; depois, uma vez mais, nos libertamos nEle para sempre!"

"Senhor", perguntou um discípulo, "se eu dissesse que era uma pessoa livre, eu não seria livre, seria?"

"Oh, é claro que sim!"

Depois disso o Mestre acrescentou, enquanto sorria, contorcendo os lábios: "Mas você já respondeu a própria pergunta que fez. Você disse 'eu não seria'"!

18

Embora cheio de compaixão por todos, Paramhansa Yogananda também era capaz de ser muito severo no que diz respeito ao tema do pecado assim que a ocasião exigisse.

---

* O estado de unidade com a consciência cósmica.

Certa jovem em Chicago pegara sífilis do namorado. Para se vingar dele e de todos os homens, ela tentou seduzir e contaminar todos os homens que encontrou pelo caminho.

Quando lhe foi concedida uma entrevista com o Mestre, ela sorriu para ele de maneira sedutora e lhe disse: "Você é uma pessoa muito interessante."

"Pecado e doença!", zombou o Mestre, fitando-a ironicamente. A mulher irrompeu em lágrimas. Depois disso, ela confessou ao Mestre a sua história.

Depois de ela ter prometido ao Mestre nunca mais se comportar daquela forma, ele a curou e a fez seguir o seu caminho.

19

"Compadeço-me dos que estão doentes", disse o Mestre. "Por que não deveria eu me compadecer igualmente dos que pecam? Estes estão doentes espiritualmente."

20

"A ignorância espiritual é o maior pecado. Ela é o que torna possíveis todos os outros pecados."

21

"Uma mulher veio até mim certa vez e bradou: 'Você tem de ser salvo pelo sangue de Cristo!'

"'Providencie-me então um copo', desafiei-a. Ela ficou estupefata.

"O que os fanáticos sabem das verdades espirituais? Eles despejam palavras como se fossem *slogans*, e gritam até ficarem roucos falando sobre o 'sangue de Cristo', e todo tempo vivem de modo pecaminoso. Além disso, imaginam que o fato de se chamarem a si próprios de pecadores haverá de 'limpar a barra' para eles.

"Se quiserem que Jesus Cristo os salve, comunguem com Ele no silêncio interior. 'Recebam-no', como diz a Bíblia, em sua alma. Só então serão capazes de 'se tornar filhos de Deus'."*

22

"Certa feita, ouvi o sermão de um sacerdote, e jamais me esquecerei do modo como ele pronunciava as palavras 'de modo comovente', segundo ele próprio imaginava, ao incitar as pessoas a aceitar o 'ver-da-dei-ro Espírito Santo'. As palavras "Espírito Santo' eram pronunciadas de modo abrupto, com vistas à ênfase dramática.

"Essas pessoas não são inspiradas pelo Espírito Santo [Holy Ghost], mas pelo 'fantasma medonho' [unholy ghost] das emoções!"

23

"É bom ir confessar?", perguntou um cristão ortodoxo.

"Pode ajudar, no sentido de levar uma pessoa a admitir para si mesma as suas faltas. Pois apenas pela honestidade consigo própria uma pessoa pode lidar com as suas imperfeições de maneira efetiva.

"É sempre melhor, contudo, confessar as próprias faltas a um homem ou a uma mulher de sabedoria. Só pessoas assim podem ajudá-lo verdadeiramente. Caso contrário, é possível que lhe deem maus conselhos.

---

* João 1:12.

"Como disse Jesus: 'Se um cego conduzir outro cego, ambos terminarão num fosso.'* A confissão a um santo é uma coisa boa, mas nem sempre para alguém que não foi iluminado espiritualmente.

"Com Deus, entretanto, seja sempre franco e aberto. Você não deverá esconder nada dele."

"Os padres não estão autorizados a perdoar os pecados?", perguntou o seu interlocutor.

Yogananda respondeu: "Perdoar o pecado equivale a curar uma pessoa das consequências do pecado.** Procure descobrir se eles são capazes de 'perdoar' a você, por exemplo, o pecado da gula. Serão capazes de curá-lo das dores estomacais que se seguirão?"

24

"Não se aborreça pelo fato de ter errado. Basta invocar Deus com amor e confiança. Nada esconda de Deus. Ele conhece todas as suas faltas, e muito mais do que você! Seja totalmente franco com Ele.

"Você talvez ache útil rezar a Deus considerando-O a sua Mãe Divina. Pois o aspecto maternal de Deus envolve misericórdia infinita. Reze adotando as seguintes palavras: 'Mãe Divina: independentemente de eu ser travesso ou bem-comportado, eu sou Teu filho. Tu *deves* me libertar!'

"Até mesmo a mãe humana ama os seus filhos travessos exatamente como ama os filhos comportados. Às vezes, ama-os até mais, pois eles precisam de mais carinho.

---

* Mateus 15:14.
** "E enquanto ele lhes proclamava a mensagem, trouxeram-lhe um paralítico carregado por quatro homens; porém, como não pudessem apresentar-lho por causa da multidão, abriram o teto por cima do lugar onde estava Jesus, e, por uma abertura, desceram o leito em que jazia o paralítico. Jesus, vendo a sua fé, disse ao paralítico: 'Meu filho, os teus pecados estão perdoados.'

"Não tenha medo da sua Mãe Divina. Cante a Ela dessa forma, e com sinceridade: 'Recebe-me no Teu colo, Ó Mãe; não me lances às portas da morte.'"*

25

"Deus o ama da mesma forma que ama a Krishna, a Jesus, aos outros grandes mestres. Você é uma gota do mesmo oceano do Espírito. Pois o oceano é constituído de todas as suas pequenas gotas. Você faz parte de Deus. Sua importância como ser humano lhe foi atribuída pelo próprio Deus. Você pertence a Ele."

26

"Procure pensar sempre na sua perfeição inata em Deus. Ouro é sempre ouro, embora esteja enterrado sob a poeira que se acumulou no decorrer dos tempos."

"Ora, estavam ali sentados alguns escribas que estavam a pensar: 'Como esse homem pode falar assim? Isso é blasfêmia! Quem pode perdoar os pecados senão Deus?' Mas Jesus sabia que isso era o que eles estavam pensando, e lhes disse: 'Por que acolheis no coração tais pensamentos? É mais fácil dizer ao paralítico: 'Os teus pecados estão perdoados', ou dizer: 'Levanta-te, toma o teu leito e anda'? Ora, para que te convenças de que o Filho do homem sobre a terra tem o direito de perdoar os pecados – disse ele ao paralítico – eu te ordeno, levanta-te, toma o teu leito e vai para casa.' E ele se levantou, tomou o leito de imediato, e foi embora à vista de todos, de modo que todos foram tomados de profunda admiração e louvaram a Deus, dizendo: 'Nunca antes vimos coisa semelhante.'" (Marcos 2:3-12)

* Tradução dos primeiros versos de uma canção bengali apreciada pelo Mestre.

27

"O Senhor nos quer tirar desse horrível torvelinho da vida. Isso é a única coisa que Ele deseja para nós. Pois Ele ama cada um de nós. Não quer que soframos. Seu interesse na nossa salvação é pessoal, está repleto de misericórdia."

28

"Certo homem estava morrendo de diabete. Os médicos lhe haviam dado apenas três meses de vida. Ele tomou uma decisão: 'Se tudo o que me resta são três meses, vou passá-los procurando Deus.'

"Aos poucos, ele se disciplinou no sentido de sentar para meditar por períodos cada vez mais longos todos os dias. E durante todo o tempo ele continuava rezando: 'Senhor, entra neste templo arruinado.'

"Três meses se passaram, e ele continuava vivo. Passou-se mais um ano. Continuando a rezar intensamente, aos poucos ele aumentou seu período de meditação para dezoito horas por dia.

"Passaram-se mais dois anos.

"Depois de três anos, de repente, uma forte luz tomou conta do seu ser. Ele entrou em êxtase. Ao voltar desse estado divino, descobriu que o seu corpo fora curado.

"'Senhor', rezou, 'não pedi para ser curado. Tudo o que pedi foi que viesses até mim!'

"E a voz do Senhor respondeu: 'Onde penetra a minha luz, não há treva que perdure.'

"O santo então escreveu com o dedo na areia: 'E, neste dia, o Senhor entrou no meu templo em ruínas e o restaurou!'"

Capítulo 8

A LEI DO KARMA

◼

Disse um visitante: "A Bíblia diz que os que praticam o mal serão castigados, e os bons, recompensados. Concorda com essa doutrina?"

Paramhansa Yogananda respondeu: "Certamente. Se aceitarmos o princípio de causa e efeito na Natureza, e da ação e reação na física, como deixaremos de acreditar que essa lei natural também diz respeito aos seres humanos? Por acaso os humanos não pertencem também à ordem natural?

"Esta é a lei do karma: o que você semeia, isso mesmo colherá.* Se você semear o mal, colherá o mal na forma do sofrimento. Se você semear o bem, colherá o bem na forma da alegria."

Disse o visitante: "Quão específica é essa lei? Na física, a lei do movimento afirma que para toda ação há uma reação *igual e contrária*. Na Natureza, os efeitos por vezes se relacionam de modo muito específico com as suas causas, não de maneira vaga; no entanto, ensinaram-nos a considerar a recompensa e a punição para o comportamento humano de modo mais genérico. Se formos bons, nos dizem, iremos para o céu, e se formos maus, iremos para o inferno; entretanto, as pessoas não pensam nelas próprias como que a colher consequências específicas para atos específicos."

---

* "Não vos enganeis: de Deus não se zomba. O que o homem semear, isso colherá." (Gálatas 6:7).

Yogananda: "A lei kármica é exata. Não há, além do mais, sofrimento no inferno eternidade afora. (De que modo poderiam as iniquidades de alguns anos na Terra merecerem o castigo eterno? Poderia uma causa finita ter um efeito infinito?)

"Para entender o karma, você tem de compreender que os pensamentos são coisas. O próprio universo, em última análise, não se compõe de matéria, mas de consciência. A matéria reage ao poder do pensamento mais do que a maioria das pessoas compreende. Pois a força de vontade dirige a energia, e a energia, por sua vez, age sobre a matéria. Na verdade, matéria *é* energia.

"Quanto mais forte a vontade, maior o poder da energia – por conseguinte, maior o impacto da energia sobre os acidentes da matéria. Muita força de vontade, sobretudo se aliada à percepção da energia cósmica, pode realizar milagres. Pode curar doenças, e fazer com que a pessoa se sinta bem. Pode assegurar o êxito em qualquer empreendimento. As próprias estações obedecem à força de vontade e à fé profunda.

"Até mesmo seres humanos a quem falta a iluminação fazem o seu destino, mais do que eles próprios compreendem, em conformidade com o modo com que se valem da sua força de vontade. Pois nenhuma ação é um acontecimento isolado. Toda ação sempre solicita do Universo uma reação que corresponda exatamente ao tipo de energia que está por trás do ato.

"A ação se origina na vontade e, por sua vez, dirige a energia para o seu fim desejado. Essa é, pois, a definição de força de vontade: *desejo mais energia, dirigidos para a satisfação*.

"A energia, assim como a eletricidade, produz um campo magnético. E esse campo magnético atrai para si as consequências da ação.

"A força de ligação entre a ação humana e a reação cósmica é o ego. A consciência do ego assegura que as ações de uma pessoa terão consequências pessoais para ela própria. Essas consequências talvez sejam proteladas, se a força de vontade que engendra um pensamento ou uma ação não foi poderosa o bastante para ter resultados imediatos, ou se o seu impulso foi frustrado por outras energias conflitantes. Mais cedo ou mais tarde, no entanto, toda ação, quer do corpo, quer do pensamento, quer do desejo, deve obter a sua reação final. É como um círculo completando a si próprio.

"Assim, o homem, feito à imagem de Deus, se torna, por sua vez um criador.

"As consequências dos bons e dos maus atos não são vivenciadas apenas depois da morte, o céu e o inferno são realidades mesmo aqui, na Terra, onde as pessoas colhem as consequências dolorosas da sua loucura e os resultados harmoniosos da ação correta.

"As pessoas raramente pensam nas próprias ações como coisas ruins. Tudo o que venham a fazer lhes parece ao menos uma coisa bem-intencionada; porém, se criam a desarmonia para os outros e, assim, em níveis mais profundos do seu ser, para si mesmas, essas ondas de desarmonia inevitavelmente voltarão para elas na forma de desarmonia.

"Toda ação, todo pensamento, colhem a própria recompensa correspondente.

"O sofrimento humano não é um indício da cólera de Deus com respeito à humanidade. Em vez disso, é um sinal da ignorância do homem no que concerne à lei divina.

"A lei é infalível para sempre na sua vigência."

2

Perguntou um discípulo: "Mestre, o karma é apenas individual, ou ele afeta também grupos de pessoas?"

Respondeu Yogananda: "O karma é ação, simplesmente, física ou mental, individual ou realizada por um grupo, uma nação ou um grupo de nações."

Disse o discípulo: "Em que medida uma pessoa é influenciada pelo karma coletivo?"

Replicou Yogananda: "Tudo depende da força do seu karma individual.

"Num desastre de avião, por exemplo, não é necessário que todos os que morreram nele tivessem um karma que determinasse isso. O karma da maioria nesse desastre simplesmente pode ter sido mais forte do que o da minoria em termos de sobrevivência.

"Entretanto, as pessoas com um karma forte o bastante para deixá-las vivas seriam salvas – ou durante o próprio desastre, ou em termos de não tomar aquele avião.

"O karma de uma nação depende do grau em que as pessoas como um todo agiram paralelamente a lei cósmica.

"Frequentemente, tenho ouvido falar que os Estados Unidos não podem perder com o decorrer dos tempos, caso seus inimigos os ataquem, porque o seu karma é, em última análise, muito bom, a despeito de alguns erros cometidos. Em contraste com isso, o karma dos seus atuais inimigos é ruim, e eles terão de pagar por isso.

"Até mesmo os animais criam o karma. A consciência deles, contudo, incluindo a consciência que têm do ego, é fraca. Desse modo, eles são dirigidos mais pelo karma coletivo do que pelo individual."

3

Indagou um discípulo: "Matar é sempre um karma ruim?"

Respondeu o Mestre: "Não. Depende da intenção que está por trás do ato, e também das consequências desse ato como um todo. O soldado que mata conscientemente em apoio a alguma causa justa – por exemplo, defendendo o país dele da invasão de um tirano cruel – não incorre em nenhum karma ruim. Em vez disso, a sua ação é um bom karma."

E o discípulo: "E quanto aos soldados americanos na Coreia? Que karma eles estão adquirindo por dar tiros no inimigo?"

Respondeu o Mestre: "Lutar por essa causa é um bom karma, não um karma ruim. Trata-se de uma guerra santa. O vilão deve ser derrotado, para que todo o mundo, no final, não se torne escravo."

4

Um discípulo falou: "Mestre, na *Autobiografia de um Yogue*, o senhor citou Sri Yukteswar, e ele dizia: 'Um homem incorre na dívida de um pecado menor se ele é forçado a matar um animal ou qualquer outra coisa viva.'* Deve ser errado, pois, matar mosquitos e outras pragas semelhantes. Estou certo?"

Paramhansa Yogananda: "É sempre melhor matar criaturas nocivas do que pôr em risco vidas humanas."

O discípulo: "Mas, senhor, é possível dizer que esses insetos são um perigo para as pessoas? Na maioria das vezes, eles parecem apenas uma praga."

Respondeu Paramhansa Yogananda: "No entanto, nos países em que essas criaturas conseguem se reproduzir ocorre uma alta taxa de mortalidade, que se deve às doenças que eles propagam. Nos países em que a proliferação deles é controlada, há muito menos imundície e doença; por conseguinte, as pessoas em média vivem muito mais. É melhor, portanto, manter o mundo livre dessas pragas.

"Além do mais", acrescentou Sri Yogananda, "eles são instrumentos do mal. Este, também, deve ser controlado."

---

* Capítulo 12, "Os anos que Passei na Ermida do Meu Mestre.

5

"Quantas formas o karma é capaz de assumir?", perguntou um fiel, pensando, talvez, nas sentenças fixadas em simples julgamentos nos tribunais.

"Você está confundindo karma com punição", replicou o Mestre. Depois, sorrindo, acrescentou: "Muitos cometem esse erro. Mas karma significa apenas ação.

"A ação pode ser de muitos tipos, e pode ser intrinsecamente boa, má ou neutra; a ação neutra por vezes serve como uma transição entre a boa e a má ação. O próprio Universo, de acordo com as Escrituras hindus, é um misto de três qualidades, ou *gunas*, como são chamadas: o princípio bom, o princípio ativo e o princípio mau.

"A qualidade boa, chamada de *sattwa guna*, eleva a consciência até a sua fonte em Deus. A qualidade capaz de ativar, chamada de *rajas* ou *raja guna*, e só isso: ela estimula as pessoas a agirem em benefício do ego, embora não necessariamente em termos de uma ação ruim.

"O *guna* ruim é chamado de *tamas*. Ele é ruim porque obscurece a compreensão das coisas.

"A maior parte dos seres humanos é materialista. Age visando o lucro pessoal. Poucos procedem dessa forma com vontade de prejudicar os outros; poucas pessoas são verdadeiramente más.

"As consequências da ação são tão variadas quanto os próprios atos.

"Diz a Bíblia: 'Todo aquele que derramar o sangue humano terá o seu próprio sangue derramado.'* Isso não foi um mandamento: foi uma explanação da lei divina.

"Jesus disse a um homem a quem curara: 'Não peques mais, para que não te suceda algo pior.'** A implicação era clara: a doença do homem se devia ao fato de ele ter pecado em primeiro lugar.

---

* Gênesis 9:6.
** João 5:14.

"Quanto ao aspecto positivo, pense nas pessoas que tiveram êxito sem fazer esforço em alguma coisa que se propuseram fazer. (Pelo menos, o sucesso dessas pessoas pode parecer fácil.) De onde veio esse êxito? É muito simples: ele foi consequência de um karma bom."

Disse o fiel: "No entanto, muitos criminosos morreram tranquilamente na sua cama. E muitas pessoas de sucesso não parecem, assim como o senhor acaba de dizer, ter feito alguma coisa para merecer o sucesso."

Respondeu o Mestre: "De fato. A lei do karma, pois, não se separa da sua companheira, a lei da reencarnação. Cada qual seria incompleta sem a outra.

"A vida humana não é o suficiente para completar o círculo dos atos sem conta que são iniciados durante a estada de uma pessoa na Terra."

6

"Parece injusto", lamentou um discípulo, "que devamos ser castigados por erros que cometemos involuntariamente, sem compreender que eram verdadeiramente coisas erradas."

"A ignorância", replicou o Mestre, "não altera a lei. Se uma pessoa dirige o seu carro distraidamente rumo a uma árvore, seus ferimentos, que são uma consequência desse ato, não serão menores pelo fato de essa pessoa ter estado distraída.

"Você deve aprender a adaptar as suas ações à lei. Como observou certa vez Sri Yukteswarji: 'O cosmos seria totalmente caótico se as suas leis não vigorassem sem a sanção da crença humana.'*

---

* *Autobiografia de um Yogue*, Capítulo 16, "Sobrepujando as Estrelas".

7

Um discípulo falou: "Tudo parece muito complexo, Mestre. Basta pensar em quantas leis são aprovadas num único ano pelo governo de um país. As leis do universo, portanto, devem ser infinitas!"

Respondeu o Mestre, com um risinho: "Na verdade, não é tão complicado quanto parece. No *Bhagavad Gita*, as forças do mal são descritas como sendo muitas, ao passo que as forças do bem são reduzidas. Jesus Cristo, também, descreveu o caminho para a perdição como uma estrada ampla – mas, disse ele, 'Estreito é o portão e estreita a via que conduz à vida'.*

"Os caminhos do erro são sempre tortuosos, mas o caminho que conduz para fora do erro é reto. Algumas regras simples serão suficientes. E a mais importante dessas normas é apenas isso: ama a Deus.

"Jesus disse: A quem demonstrou muito amor, muito será perdoado."**

---

* Mateus 7:14.
** Lucas 7:47.

Capítulo 9

A LIÇÃO DA REENCARNAÇÃO

◼

Disse Paramhansa Yogananda: "Por que uma criança nasce paralítica? Só a reencarnação pode explicar esse fato de maneira satisfatória. As pessoas olham para o bebê como se se tratasse de um 'bebê frágil, inocente', porém, em alguma vida passada, essa personalidade deve ter transgredido a lei de Deus. Essa transgressão o privou da consciência de ter pernas perfeitas. Desse modo – e devido ao fato de a mente controlar o corpo – quando essa pessoa voltou novamente para um corpo físico, ela não foi capaz de desenvolver as pernas de maneira perfeita, e nasceu deficiente física.

"Por que uma pessoa nasce com deficiência mental e outra com inteligência? Deus seria muito injusto se permitisse que essas coisas acontecessem sem uma causa. Entretanto, *há* uma causa. Pois quem somos agora é consequência das nossas ações passadas em várias épocas.

"Somos imortais no espírito, porém, na nossa personalidade, não podemos reivindicar a consciência dessa imortalidade até que as nossas imperfeições humanas tenham desaparecido. Trabalhar com nós mesmos equivale a talhar e a polir a pedra insignificante numa estátua, até o momento em que a imagem que estava oculta se revele em toda a sua perfeição."

2

Alguém que chegara havia pouco para ouvir os ensinamentos disse: "Por que temos de reencarnar? Se todos viemos de Deus, por que, depois da morte, simplesmente não nos fundimos nele?"

Replicou Paramhansa Yogananda: "Se a nossa individualidade desaparecesse com a morte, isso aconteceria, de fato. Mas o ego forma o corpo físico. Ele é a causa, não o efeito, do nascimento físico.

"O ego faz parte do corpo astral, que é retido depois da morte física. O corpo físico é tão somente a projeção do ego no mundo material.

"Deus não pode ser alcançado por um ato tão simples quanto o de morrer! Morrer é fácil, porém é muito difícil chegar a esse elevado nível de consciência em que a alma pode se fundir novamente com o Infinito.

"O que, na verdade, fariam as pessoas materialistas diante dessa possibilidade? O que fariam, quanto a isso, até mesmo no céu? Haveriam de se lamentar sobre todas as coisas, e prosseguiriam discutindo e brigando entre si, exatamente como fazem na Terra. E, nisso, só iriam transformar o próprio céu num outro tipo de inferno!

"Depois da morte, as tendências fundamentais da natureza da pessoa continuam a ser exatamente o que foram na Terra. Al Capone, o gângster, não se tornou de repente um anjo só pelo fato de deixar este plano da existência! Os criminosos conservam suas tendências más até que eles próprios as resolvem, talvez depois de passar por encarnações, e depois de receberem lições difíceis: até que a sua avareza, por exemplo, tenha se transformado num desejo de ajudar os outros; até que o seu desrespeito à lei tenha se tornado a vontade de seguir a lei; e até que a sua crueldade tenha se transformado em bondade para todos."

Disse alguém que então acabara de chegar: "O que faz com que o ego reencarne?"

Respondeu Yogananda: "O desejo. Este, como você vê, dirige a energia. Enquanto uma pessoa deseja as coisas terrenas, ela deve voltar para este mundo, onde os seus desejos podem ser satisfeitos. Se ela deseja cigarros, automóveis ou dinheiro, o mundo astral não pode fornecer essas coisas. Essa pessoa terá de voltar para a Terra, onde essas coisas poderão ser adquiridas."

Perguntou um discípulo: "Todo desejo concebido na Terra deverá também ser satisfeito aqui?"

Respondeu Yogananda: "Não os desejos puros – por exemplo, ouvir belas músicas, passear por espaços amplos, ter relações harmoniosas. Esses desejos podem encontrar uma satisfação mais plena no mundo astral do que neste imperfeito plano material.

"Em muitos casos, o desejo de criar a beleza aqui na Terra se deve às lembranças que estão além da consciência, da beleza e da harmonia que a pessoa conheceu no mundo astral."

3

Indagou um visitante: "Quanto a alma experimenta da sua vida no mundo astral? Será que ela permanece lá por muitos anos depois de abandonar o plano físico?"

Replicou o Mestre: "Isso depende do seu grau de evolução espiritual. As almas voltadas às coisas da matéria – uso aqui a palavra *alma* no sentido comum, embora a alma seja, de fato, sempre perfeita; ela é a consciência do ego que uma pessoa leva consigo para o mundo astral. Portanto, as 'almas' materialistas se encontram tão hipnotizadas pelo que acreditam ser a realidade da matéria, que não são sensíveis aos domínios mais sutis da existência. Essas pessoas, depois da morte, caem num sono profundo. Se de algum modo elas despertaram, descobrem-se imersas nas trevas ou cercadas por um tipo de névoa cinzenta. Ignoram onde estão. Se na Terra viveram vidas más, podem ter pesadelos e ser atormentadas por demônios.

"Depois de algum tempo, renascem num novo corpo para continuar a longa escalada até a iluminação espiritual.

"Aqueles que têm tendências mais espirituais, por outro lado, desenvolvem, por meio dos seus atos virtuosos e inclinações, certo grau de intuição. Essas pessoas são, pois, mais sensíveis a esse mundo depois da morte, e, de maneira mais consciente, são capazes de usufruir-lhe a beleza. Tendo elevado as próprias vibrações por meio de boas ações, elas são atraídas para vibrações superiores no domínio astral.

"Essas almas, sobretudo as que nesta vida meditaram, ainda que um pouco, seguem para regiões de grande beleza depois da morte.

"Dirigem-se também a regiões mais elevadas as almas que prezaram o dever e a verdade, colocando-os acima da existência física."

Perguntou um visitante: "Até mesmo os soldados que morrem lutando vão para o céu?"

O Mestre respondeu: "Vão, se morreram pelo dever e pela verdade."

E o visitante: "Com o que se parece o céu?"

Respondeu o Mestre: "Há dois tipos de céu. O céu em que pensa a maior parte das pessoas é o que compreende as regiões superiores do mundo astral. O verdadeiro céu, contudo, é aquele a que Jesus se referiu com mais frequência: é o estado de união com Deus.

"O céu astral, do modo como Jesus o descreveu, tem diversas 'mansões', ou níveis de vibração. Ele é semelhante a este mundo material, pois este mundo é uma projeção desses domínios mais sutis. O céu astral, no entanto, não apresenta as infinitas imperfeições deste plano da existência, mais grosseiro.

"O céu não está 'lá em cima', como não raro imaginam as pessoas. Ele está ao redor de nós. Acha-se por trás da nossa visão física. Vejo-o durante todo o tempo, e passo lá a maior parte do meu tempo. Trata-se de um vasto universo, composto de belas luzes, de sons e de cores harmoniosos. As cores do plano material não têm graça se comparadas com as cores do céu a que me refiro. A beleza do céu é como o pôr do sol mais brilhante que você já viu, e é muito mais agradável.

"Há variedades infinitas no mundo astral. Ali, as estações podem variar à vontade, segundo o comando de almas avançadas. Por vezes, é primavera lá, com um sol sem fim. A neve, quando cai, é branda e bela, não causa frio. Quando chove, é apenas uma chuvinha, que apresenta luzes multicoloridas.

"Os sentimentos, também, são muito refinados no plano astral, e muito mais intensos do que os sentimentos das pessoas na Terra.

"O céu não é um lugar de seres ociosos. Os que lá habitam são muito laboriosos. Todas as vibrações deste universo material são controladas pelos anjos. Os seres astrais, embora sempre em atividade, são ao mesmo tempo muito felizes.

"Vez por outra, na sua compaixão pela humanidade, esses habitantes visitam pessoas em sonhos ou em visões, ou nelas inspiram belos pensamentos.

"Quanto tempo uma pessoa permanece no mundo astral depende de quão bem ela viveu na Terra. As pessoas com um bom karma talvez continuem lá por muitos séculos. Por outro lado, os fiéis, estimulados pelo seu desejo de iluminação, podem escolher voltar para a Terra, a fim de dar continuidade ao seu trabalho espiritual. Eles compreendem que o mundo astral, também, é apenas um véu por trás do qual o Senhor oculta a sua face de perfeição eterna."

4

"Mestre", perguntou um discípulo, "como são as almas renascidas na Terra?"

"Depois de passar algum tempo no mundo astral", replicou Yogananda, "com a duração da sua estada dependendo da quantidade acumulada de um karma bom, os desejos voltados para a matéria no seu subconsciente são reavivados. Então, são atraídos de volta à Terra, ou a algum outro planeta no universo material, por meio da atração magnética do desejo.

"No momento da concepção física, ocorre um relâmpago de luz no éter. No outro mundo, as almas que esperam o renascimento físico, quando as vibrações dessa luz são compatíveis com as delas próprias, se precipitam em direção a ela. Algumas vezes, mais de uma alma penetra o ventre ao mesmo tempo. Dessa forma, nascem os gêmeos."

Disse o discípulo: "As almas espirituais sempre nascem em famílias espirituais?"

O Mestre: "O semelhante atrai o semelhante; essa é a norma geral. Contudo, muitos fatores estão envolvidos nisso – a escolha do momento, por exemplo, e a disponibilidade. Para as almas santas, as oportunidades para reencarnar em famílias muito evoluídas não são muitas, pois por vezes as pessoas espiritualizadas preferem não se casar e não ter filhos. Além disso, há o problema do karma individual, com todas as suas complexidades.

"Ademais, as pessoas são um misto de diversas qualidades. Algumas vezes, a um santo acontece nascer de pais criminosos, se com eles compartilha um forte desejo de alcançar a paz, por exemplo.

"Para os casais que desejam filhos espiritualizados", prosseguiu o Mestre, "é importante que conservem a consciência voltada para coisas elevadas quando se reúnem fisicamente. Pois as vibrações deles nesse momento haverão de determinar a qualidade da luz no mundo astral.

"Um casal certa vez me disse que queria um filho voltado para o espiritual, e solicitou de mim a minha ajuda no sentido de atrair para eles uma alma assim. Mostrei-lhes uma fotografia de uma criança que morrera e que, segundo a minha intuição, em termos de karma, estava pronta para renascer. Eles se sentiram atraídos pela fotografia. Depois disso, eu lhes disse: 'Permaneçam em abstinência de sexo nos próximos seis meses, e meditem diariamente. Durante a meditação, concentrem-se nessa fotografia, e convidem esse ser a ir até a sua casa.' Assim fizeram. E, no final desse período, a mulher engravidou. A alma em questão nasceu deles."

5

Indagou um discípulo: "Senhor, se uma pessoa de cor branca tem preconceito contra os negros, na sua vida seguinte essa pessoa nascerá negra?"

Paramhansa Yogananda deu uma risada. "Exatamente! A aversão é justamente uma força magnética tão poderosa quanta a atração.

"Deus não fica impressionado com os preconceitos humanos.

"Algumas vezes", prosseguiu, "você vê famílias inteiras que nada mais fazem além de brigar entre si. Os membros dessa família foram inimigos antes, e foram atraídos a esse mesmo lar, onde então devem resolver o seu ódio debaixo do mesmo teto!

"Conta-se a história de uma igreja num dos estados do sul dos Estados Unidos. Era um lugar onde só aos brancos se consentia frequentar os serviços.

"Jim, o porteiro negro, queria mais do que tudo poder tomar parte no culto religioso em companhia da congregação nas manhãs de domingo. 'Jim', explicou-lhe o ministro, 'eu adoraria tê-lo na nossa companhia. Mas, se isso acontecesse, você sabe que eu perderia o meu emprego.'

"Certa noite, Jim rezou para Jesus com pesar: 'Senhor, por que não posso tomar parte do culto junto com os brancos?' Depois de algum tempo, ele adormeceu, e teve uma visão: Jesus Cristo lhe apareceu envolto em forte luz, e sorriu piedosamente.

"'Meu filho', disse Jesus, 'não fique tão triste. Por vinte anos tentei entrar nessa igreja, e ainda não consegui!'"

6

Dois discípulos, trabalhando juntos num projeto para o Mestre, se viram surpresos ao perceber subitamente que certa animosidade, aparentemente sem causa, havia surgido entre eles. Em pouco tempo se contiveram, e depois nutriram um sincero respeito um para com o outro. Posteriormente, um deles perguntou ao Mestre: "Por que nós dois sentimos essa aversão passageira?"

"Vocês foram inimigos numa vida anterior", explicou o Mestre.

"Nossas emoções", observou numa outra ocasião, "não nos representam como verdadeiramente somos, em nossas almas. A alma é sempre amorosa, e sempre está alegre. As emoções, todavia, obscurecem essa realidade eterna.

"Para encontrar a liberdade, temos de acalmar as ondas da emoção, e habitar sempre calmamente na consciência do amor e da alegria."

7

"A lição da reencarnação é neutralizar as ondas do semelhante e do dessemelhante, do desejo e da aversão, pela expressão da bondade, do perdão e da compaixão para com todos, e por meio do contentamento estável no Eu superior. Devemos amar os outros, não pelas suas personalidades humanas, mas porque eles são manifestações de Deus, que habita igualmente em todos."

8

"Se você ridicularizar ou condenar os outros, em alguma época, nesta vida ou em alguma vida futura, terá de passar pelas mesmas experiências que você hoje desaprova de modo tão intolerante."

9

Um discípulo, depois de passar cinco meses com Paramhansa Yogananda no deserto, disse: "Sempre quis ir-me embora e viver sozinho como estou vivendo."

"Isso", replicou o Mestre, "se deve ao fato de você ter agido assim em vidas passadas. A maioria das pessoas que estão comigo viveu sozinha muitos anos no passado."

10

Um discípulo: "Será que eu fui um yogue em vidas passadas?"

Yogananda: "Muitas vezes. Você teria de ter sido um yogue, caso contrário, não estaria vivendo aqui."*

11

Certa vez, um discípulo se lamentou: "Acho que não tenho um karma muito bom, Mestre."

Enfaticamente, Paramhansa Yogananda respondeu: "Não se esqueça disso: é preciso ter um karma muito, *muito*, MUITO bom para uma pessoa apenas querer conhecer Deus!"

12

Um discípulo: "Mestre, por que não consigo me lembrar das minhas encarnações passadas?"

---

* Isto é, na condição de seu discípulo.

"Às vezes, é melhor assim", replicou o Mestre, sorrindo com expressão bem-humorada. "As pessoas haveriam de se desanimar logo, caso tivessem consciência de todos os erros que cometeram no passado! Deus dá a elas uma oportunidade de tentar novamente, sem a hipótese falsa de que essas pessoas são a *consequência* dos seus erros.

"Quanto menos apegado você é com relação ao seu corpo" prosseguiu ele "sobretudo durante a meditação profunda, mais claramente você se lembrará das suas vidas passadas, e de tudo o que você fez em cada uma delas."

13

"Eu não ajudaria a maioria das pessoas a se lembrar do seu passado. Até mesmo nesta vida, observe quão presas ao hábito se tornam muitas dessas pessoas. Costumo chamá-las de 'velharias psicológicas'; tudo o que fazem é previsível. Até mesmo as melodias que assobiam ou as canções que cantam são as mesmas, sai ano, entra ano. Quanto mais envelhecem, mais estabilizadas se tornam no seu jeito de pensar, sentir e de se comportar.

"Essas pessoas precisam ter a oportunidade de esquecer o que fizeram e o que têm feito, e de começar novamente. Somente num novo começo há esperança de elas fazerem algo melhor de si próprias."

14

"O tempo que você passou usufruindo a vida e representando nesta existência ilusória será o mesmo que você passará, encarnação após encarnação, sentindo as dores e os prazeres deste mundo e deste corpo. O *Bhagavad Gita* o descreve como uma grande roda que não para de girar.

"Entretanto, se você quer muito sair, você *deve* ser libertado.

"Lembre-se: a liberdade sempre será o seu destino."

Capítulo 10

COMO MELHORAR O KARMA

◼

1

"Tudo parece tão complicado, Mestre", queixou-se um discípulo. "Não é difícil para mim entender que karma e reencarnação fazem parte um do outro. Mas quando penso em todos os atos iniciados por alguém numa única vida, e depois os multiplico por sabe lá Deus quantas vidas, fico apavorado! As ações recíprocas de causa e efeito devem ser literalmente infinitas!"

"E são", concordou o Mestre, "enquanto a pessoa tenta melhorar o seu karma no mundo exterior. Um desejo leva a outro, e este a outros ainda. Todo desejo deve ser satisfeito, toda ação deve ser levada a cabo."

"Até mesmo desejos corriqueiros?", prosseguiu o discípulo, desanimado. "E quanto a alguma vontadezinha que eu possa ter tido algum dia, anos atrás, no que diz respeito a tomar um sorvete de casquinha?"

"Até mesmo essa vontade!", replicou o Mestre, enfaticamente. "Qualquer energia que você irradie, por mais fraca que seja, deve voltar para você posteriormente."

O discípulo levantou os braços num gesto desesperado. "Então, parece que não há esperança! Seria a mesma coisa que tentar abrandar as ondas do oceano!"

"Trata-se de uma grande tarefa, eu lhe asseguro", disse Yogananda. "No entanto, não é tão difícil quanto parece. Pergunte a você mesmo: o que, em primeiro lugar, faz com que as ondas se levantem e quebrem? O vento. Sem ele, a superfície se aquieta de imediato. De modo semelhante, quando a tempestade das ilusões se abranda na mente, as ondas da ação e da reação baixam automaticamente.

"Assim sendo, o que você deve fazer é abrandar as ondas da sua mente por meio da meditação profunda e, depois, em meditação, livrar-se a si próprio da consciência do envolvimento do ego. Quando você deixar de se considerar o agente causador, as ondas da ação e da reação continuarão a se levantar e a se quebrar, mas você mesmo não se sentirá mais limitado por elas."

"Não seria mais proveitoso", indagou o discípulo, "parar de agir totalmente?"

"Pois tente fazer isso!", o Mestre sorriu. "Você verá que é simplesmente impossível parar de agir. Até mesmo a decisão de não agir seria uma projeção exterior do seu ego; seria, pois, um tipo de ação.

"Certa feita, conheci um homem em Phoenix, Arizona", prosseguiu ele, "que andava com o cabelo despenteado e cujas roupas não passavam de trapos imundos. Eu lhe disse o seguinte: 'Por que você se veste dessa forma? Você não é tão pobre a ponto de precisar andar por aí vestido desse jeito.'

"'Eu renunciei a tudo!', declarou o homem, com orgulho.

"'Pelo contrário', eu lhe disse, 'você voltou a se apegar a uma coisa: à desordem.'

"O *Bhagavad Gita* ensina que ninguém é capaz de se furtar à ação – por outras palavras, ao karma – fugindo da ação. Contudo, o *Gita* também ensina um método inestimável para escapar ao karma. Eis o que ele recomenda: *nishkam karma* – a ação involuntária, ou seja, a ação sem o desejo das consequências da ação. Se você agir dessa forma, aos poucos alcançará a liberdade no que concerne à servidão do karma.

"Durante a atividade, jamais pense que você é quem está agindo. Em vez disso, aja com o pensamento de que Deus é o Agente. Reza para Ele: 'Senhor, és Tu quem age por meu intermédio.'

"Mesmo quando você cometer erros, imagine que Ele é o responsável por esses erros. Deus gosta desse tipo de coisa! Evidentemente, você não deve fazer coisas erradas de modo deliberado, e depois colocar a culpa nEle! Aferre-se à ideia de que você está sempre livre no seu Eu superior. Esse é o caminho para a liberdade máxima no Senhor.

"Evidentemente, outras coisas estão envolvidas também: a devoção, a meditação, a graça divina, e assim por diante; porém, no que concerne à ação, o ato involuntário é o caminho que leva à liberdade."

2

"Se eu não tivesse desejos", perguntou um membro da congregação, "será que eu perderia toda a minha motivação? Será que eu não acabaria me tornando uma espécie de autômato humano?"

"Muitas pessoas pensam assim", replicou Yogananda. "Elas pensam que não teriam mais interesse na vida. Entretanto, não é isso o que acontece. Em vez disso, você haveria de achar todas as coisas na vida infinitamente mais interessantes.

"Pense no aspecto negativo do desejo. Ele faz com que você fique sempre receoso. 'E se isso acontecer?', você pensa; ou: 'E se isso *não* acontecer?'; você vive num estado de contínua ansiedade quanto ao futuro, ou de pesar com relação ao passado.

"O desapego, por outro lado, o ajuda a viver constantemente num estado de liberdade e de felicidade. Quando você puder ser feliz no presente, você estará apto a encontrar Deus.

"Livrar-se dos desejos não lhe tira nenhuma motivação. Longe disso! Quanto mais você vive em Deus, mais profunda é a alegria que você sente ao servi-Lo."

3

"Se você se entregar a um hábito ruim, por não poder ajudar a si próprio, deixe que a sua mente se oponha constantemente a ele. Jamais aceite esse hábito ruim como uma definição de quem você é por dentro."

4

"Um dos monges daqui passava por maus bocados lutando contra as tentações. Um dia, eu lhe disse: 'Não lhe peço que vença as ilusões. Tudo o que lhe peço é que *resista* a elas."

5

"As más tendências kármicas podem ser dominadas, não por meio da concentração nelas, mas desenvolvendo boas tendências opostas a elas. Daí a importância de servir a Deus. Servindo a Ele, através dos outros, você automaticamente dirige para o desenvolvimento das boas tendências essa energia que o quer levar na direção errada, que se relaciona com o hábito de servir a si próprio.

"Sempre se mantenha ativo para Deus. Quando não estiver meditando, faça alguma coisa para Ele. Quando estiver meditando, ofereça a sua consciência a Ele com o mesmo espírito de prestância, com atenção aguda e vigilante. Mantenha a mente sempre ocupada com Deus, e sempre faça o bem aos outros.

"A mente ociosa é a oficina do diabo."

6

"Você deverá prestar muitos serviços a Deus, se quiser alcançar esse estado de não ação característico da união com Ele."

7

"Jamais permita que a sua mente seja seduzida pela inquietação, brincando demais, divertindo-se demais, e assim por diante. Seja profundo. Tão logo sucumba à inquietação, todos os antigos problemas começarão a exercer atração sobre a sua mente uma vez mais: o sexo, a bebida e o dinheiro.

"Evidentemente, de vez em quando, divertir-se e rir um pouco faz bem; mas não se torne uma pessoa irresponsável. Eu também gosto de rir de vez em quando, como você pode imaginar; mas quando resolvo ser sério, nada e ninguém pode me afastar do meu Eu interior.

"Seja profundo em tudo o que faz. Mesmo quando estiver rindo, não perca a calma interior. Seja alegre, mas sempre mantenha certa reserva. Concentre-se na alegria interior.

"Nunca se ausente do seu Eu superior. Adote outra atitude quando for preciso, para comer, conversar e cumprir com o seu dever, mas por pouco tempo. Depois disso, volte-se para o seu Eu superior novamente.

"Seja calmamente ativo e ativamente calmo. Esse é o caminho do yogue."

8

"As condições objetivas sempre são neutras. O modo como você reage a essas condições é que as faz parecerem tristes ou felizes.

"Trabalhe em si mesmo: nas suas reações às circunstâncias exteriores. Essa é a essência do yoga: qual seja a de neutralizar as ondas da reação no coração. Seja sempre uma pessoa feliz. Você nunca será capaz de mudar as coisas no mundo exterior de modo a torná-las aprazíveis a você mesmo.

"Mude de vida."

9

"Na vida, uma boa norma é dizer a si mesmo apenas o seguinte: 'Que venha o que tiver de vir naturalmente.'"

10

"Na Índia, tem-se dado demasiada ênfase ao karma. 'O karma! O karma!', dizem as pessoas. 'É o meu karma; não posso fazer nada quanto a isso!'

"Absurdo! O karma é simplesmente a ação. Tudo o que foi feito pode certamente ser desfeito da mesma forma.

"Num grau muito maior do que com respeito aos indianos, os americanos têm a consciência de que tudo é possível. Nos Estados Unidos, ouvi muitas pessoas dizerem: 'Se puder ser feito, faremos. E se for impossível, faremos de qualquer modo, embora possamos demorar mais.'

"'Depois?', dizem os americanos. 'Depois? Por que não *agora*?'; eis o espírito que tanto aprecio nesse país!"

11

Palavras ditas a um discípulo em crise: "Por ora, a sua tarefa é se aproximar de Deus. Não se preocupe com todo o karma que você ainda terá de completar. Deixe que Deus se preocupe com isso!

"Primeiro, destrua em você mesmo a fonte do envolvimento kármico. Essa fonte é o seu apego ao ego. Quando o ego está fundido em Deus, quaisquer ações que você realize não reverterão mais para você. Suas ações serão como escrever na água: elas não deixarão nenhum traço na mente. Ao se separar do envolvimento egoico em qualquer ação que você realize, você terá desfeito o nó górdio da ilusão.

"Esse é o estado do *jivan mukta* – alguém que se sente livre por dentro, ainda que viva neste mundo. Sendo livre interiormente, nada que faça é capaz de afetá-lo outra vez."

12

"Em primeiro lugar, por meio da meditação profunda e da vida dedicada apenas a Deus, acalme as ondas do pensamento e do desejo que constituem a realidade presente. Quando você alcançar a profunda calma interior, estará apto a trabalhar no sentido de abrandar as ondas que estão numa distância muito maior dessa realidade.

"Com uma consciência superior, você contemplará todas as coisas claramente no final, do modo como verdadeiramente são. O *jivan mukta*, por meio das visões, pode elaborar o karma de uma vida inteira numa única meditação. Se ele reencarna, pode até mesmo fazer isso simultaneamente em diversos corpos, a fim de elaborar o próprio karma passado mais rapidamente.

"Quando todo o seu karma passado tiver sido resgatado, ele se torna um *siddha*, ou *param mukta*: um ser perfeito. Se algum dia essa alma liberta reencarnar, ela o fará exclusivamente pelo bem-estar da humanidade, e não a partir de alguma necessidade kármica que lhe seja peculiar. Essa alma é um *avatar*, ou um mestre que desceu à Terra: uma encarnação de Deus.

"Primeiramente, é importante se aproximar de Deus. Quando você obtiver êxito no levar a luz de Deus para o recinto pouco iluminado da sua consciência, suas trevas espirituais se dissiparão para sempre."

13

"Em todas as coisas, sempre considere Deus como o Agente.

"Trata-se de uma questão de atitude interior. Não se trata de demonstração de humildade que tantos fiéis levam a cabo movidos pelo desejo de impressionar os que estão à sua volta.

"Uma historinha há de exemplificar o que estou dizendo.

"As gopis* costumavam levar todos os dias queijo para Krishna. Certa feita, o rio Jamuna transbordou, e as gopis não o puderam atravessar a fim de ir ter com Krishna. 'O que devemos fazer?', se perguntaram.

"Depois disso, elas se lembraram de Byasa, um grande devoto de Krishna, que vivia na margem do rio em que elas próprias estavam.

"'Byasa é um santo', gritaram. 'Sigamos até ele. Talvez ele nos faça um milagre e nos ajude de alguma forma a atravessar o rio.' Elas foram até ele e lhe pediram que as ajudasse a chegar até Krishna.

"'Krishna! Krishna!', gritou Byasa, fingindo estar aborrecido. 'Tudo aquilo de que eu ouço falar é Krishna! E quanto a *mim*?'

"Bem, as gopis ficaram muito embaraçadas! O queijo era para Krishna, porém elas não ousavam negar a Byasa um pedaço dele, pois lhe haviam solicitado a ajuda. Assim sendo, ofereceram-lhe um peda-

---

* Zagalas ou pastoras de vacas devotas de Krishna durante sua infância legendária em Gokul.

cinho. E Byasa comeu, e comeu, e comeu, aparentemente com a maior satisfação.

"Quando ele havia comido tanto quanto o estômago dele podia suportar, ele de algum modo foi até o rio, e lá gritou: 'Ó rio Jamuna! Já que nada comi, divide as tuas águas e concede passagem!'

"'Que mentiroso!', sussurraram as gopis entre si. 'Vejam só como ele se empanturrou. E agora ousa reclamar a obediência do rio alegando que nada comeu!'

"Nesse momento, o rio se dividiu. Sem parar a fim de ponderar sobre esse mistério, as gopis atravessaram até o outro lado. Lá, ao se aproximar da cabana de Krishna, acharam-no adormecido.

"'O que é isso?', elas se indagaram. Comumente, Krishna ficava do lado de fora da cabana, esperando avidamente por sua visita – e pelo queijo.

"'Senhor', elas gritaram, 'não estás com fome hoje?'

"'Hum?', fez Krishna, abrindo os olhos, sonolento.

"'Nós te trouxemos o teu queijo, Senhor.'

"'Oh, agradeço', disse Krishna. 'Mas não estou mais com fome.'

"'Mas por quê? Alguém já te alimentou hoje?'

"'Oh, sim', ele replicou. 'Byasa, no outro lado da margem, já me deu de comer o suficiente.'

"Como você pode perceber, Byasa oferecera a comida primeiro a Krishna, e nele pensara constantemente enquanto comia. Ele não comeu o queijo na consciência do ego, mas apenas no pensamento de que Krishna comia através dele.

"Dessa forma, todo devoto deveria sentir Deus agindo por seu meio.

"Não se detenha no pensamento do 'eu, eu'! Em vez disso, repita sempre para si mesmo: 'Tu, Tu, Senhor, apenas Tu!'"

14

"Volte-se para Deus, e todos os problemas que jazem enterrados no solo da sua consciência serão varridos de uma vez só.

"As cavernas de muitas vidas jazem enterradas no seu solo mental. Todos os desejos que você teve no passado estão estocados nessas cavernas, à espera de atraí-lo para as coisas materiais; mas se você se voltar para Deus, você será capaz de satisfazer todos esses desejos para sempre."

15

"Senhor", perguntou um discípulo, "se aquilo que nos mantém presos a este mundo é o desejo que temos com relação a ele, por que as pessoas que cometem suicídio não se tornam livres? Certamente, elas, pelo menos, não têm nenhum desejo de continuar aqui. Basta olhar para as medidas extremas de que se valem para abandonar este mundo!"

O Mestre deu um risinho diante desse absurdo e replicou: "Mas também deve haver um desejo positivo com respeito a Deus!"

Em outras ocasiões, ele falou sobre o suicídio: "A vida é uma escola na qual você deve se graduar para a Consciência Infinita. Se cabular aula, você terá de voltar aqui repetidas vezes, tantas vezes quanto for preciso no sentido de fazer com que aprenda as lições da vida."

16

"Ao elaborar o karma, enquanto ainda tiver medo dele, você não será completamente livre.

"O karma é mais bem elaborado quando se faz face a qualquer desafio com que a pessoa depara, e quando se aceita corajosamente qualquer dificuldade que esses desafios impõem."

17

"Um fator importante na tentativa de dominar o karma é a meditação. Toda vez que você medita, o seu karma diminui, pois, nesse momento, a energia se concentra no cérebro e consome completamente as antigas células cerebrais.

"Depois de toda meditação profunda, você perceberá a si próprio como que se tornando mais livre."

18

"O karma diminui muito com a ajuda do guru. Este observa o seu karma, e sabe o que você precisa fazer para se livrar dele.

"Ele também aceita grande parte do seu fardo kármico, da mesma forma que um homem forte poderia ajudar um homem mais fraco carregando uma parte da sua carga. Uma vez mais, se o homem mais fraco está prestes a receber um severo golpe, o homem mais forte talvez seja capaz de dar um passo à frente e apará-lo.

"Tal é o valor inestimável da ajuda do guru. Sem um guru, a senda espiritual assemelha-se a tentar caminhar na areia movediça, enquanto há por perto uma estrada pavimentada que segue na mesma direção."

19

"A senda espiritual equivale a vinte e cinco por cento do esforço do discípulo, a vinte e cinco por cento do empenho do guru e a cinquenta por cento da graça de Deus.

"Contudo, não se esqueça", advertiu o guru, "que os vinte e cinco por cento correspondentes à sua parte representam cem por cento do seu empenho e da sua sinceridade!"

20

"O desejo de encarnação faz com que a pessoa erre sem fim. Entretanto, quando desperta no coração um sincero anseio por Deus, a libertação já está assegurada, ainda que o processo equivalha a mais encarnações. Pois esse anseio por Deus é, também, um desejo, e ele deve ser atendido posteriormente."

21

O filhinho de sete anos de um discípulo do Mestre perdeu um dedo num acidente. No dia seguinte, o menino declarou firmemente: "Teria sido muito pior sem as bênçãos do Mestre." Essas palavras foram relatadas a Yogananda, que as repetiu depois a alguns dos monges, evidentemente pelo fato de ele as aprovar.

"Um dia antes do acidente", prosseguiu o Mestre, "notei uma nuvem negra sobre a cabeça do menino. Eu soube, então, que algum infortúnio kármico estava prestes a acontecer a ele."

É interessante o fato de os discípulos de Paramhansa Yogananda sempre receberem proteção, por vezes de maneiras milagrosas.*

---

* Ver *A Senda*, Capítulo 23, "Deus Protege Seus Devotos", de Sri Kriyananda, Crystal Clarity Publishers, Nevada City, Califórnia.

Uma característica do modo como funciona o karma pode ser observada na nuvem negra em questão. Partindo de outras coisas que o Mestre falou e escreveu, fica claro que, se a aura da pessoa* é forte, as consequências negativas do seu karma ruim terão seu impacto grande parte atenuado sobre essa pessoa, mesmo que o karma, necessariamente, deva voltar para ela. Pois, como diz a Bíblia, "Os escândalos são inevitáveis".**

Uma aura poderosa poderia ser comparada à proteção que um guarda-chuva fornece à pessoa quando chove. Assim sendo, o Mestre com frequência aconselhou o uso de pulseiras astrológicas como um meio de fortalecer artificialmente a aura. Como ele explicou no capítulo de nome "Sobrepujando as Estrelas", na sua *Autobiografia de um Yogue*, citando Sri Yukteswar, seu guru, certos metais puros, e sobretudo pedras preciosas sem defeitos, com pelo menos dois quilates, emitem uma luz astral que combate eficazmente as influências negativas.

Depois de dar esse conselho, contudo, Paramhansa Yogananda amiúde acrescentava: "Não se esqueça de que a devoção para com Deus é a sua melhor 'pulseira'."

22

"Ao viajar pelo mar, a pessoa depara aqui e acolá com áreas onde o mar está calmo. Ainda assim, no grande oceano da ilusão, a pessoa encontra, vez por outra, áreas excepcionalmente estáveis. Isso acontece quando um *avatar* ou encarnação divina é enviado a terra com uma missão especial. Todos os que dele se aproximam e que entram em harmonia com o seu espírito acham relativamente fácil escapar ao poder da ilusão."

---

* A luz astral que envolve o corpo.
** Mateus 18:7.

23

Na iniciação de Kriya, em dezembro de 1948, Paramhansa Yogananda disse: "Dentre os presentes, haverá alguns *siddhas*,† e bem poucos *jivan muktas*."‡

24

"Os que estão comigo* jamais me causaram problemas. Basta relancear os olhos para se perceber. É muito melhor quando posso conversar com o olhar. A maioria dessas pessoas é composta de santos de vidas anteriores."

25

"Senhor", indagou um discípulo, "é possível para uma alma perder-se para sempre?"

"Impossível!", respondeu o Mestre. "A alma faz parte de Deus. Como seria possível destruir Deus?"

26

"Santo Antão passou anos meditando numa tumba no deserto. Durante todo o tempo, ele foi atormentado por demônios. Por fim, Satã ameaçou destruí-lo caso ele não desistisse de procurar Deus. As

---

† A explicação é dada na p. 98
‡ A explicação é dada na p. 98
* Isto é, "os que estão em harmonia comigo".

paredes da tumba começaram a rachar. Havia o perigo de que desabassem sobre ele e o esmagassem. Os animais dos frisos nas paredes da tumba assumiram formas vivas e se precipitaram em direção a ele a fim de devorá-lo.

"Antão olhou para o alto mais uma vez em sua prece e invocou Cristo.

"De repente, viu-se uma grande luz. Finalmente, Jesus estava lá, olhando para baixo, com expressão branda. Num segundo, as trevas de Satã se dissiparam. No êxtase do despertar divino, Santo Antão lembrou-se de todas as encarnações em que estivera procurando Deus.

"Oh!", gritou o Mestre, "passei por essa experiência. Que alegria advém desse fato!

"E Antão gritou de dentro das profundezas da sua alma: 'Senhor! Onde estivestes todos esses anos em que roguei para que viesses ao meu encontro?'

"E o Senhor, com um sorriso afável, respondeu: 'Antão, sempre estive contigo."

Capítulo 11

A GRAÇA *VERSUS* O ESFORÇO PESSOAL

◼

1

"Todo grupo de religião que encontrei neste país [Estados Unidos] diz aos seus membros que eles não têm de trabalhar com vistas à salvação – 'para que nenhum homem se encha de orgulho', explicam eles, citando São Paulo.* A doutrina da salvação deles baseia-se inteiramente na crença: acredite assim como eles acreditam, e você será salvo pela graça de Deus. Muitos fazem da qualidade de membro de uma igreja uma condição a mais para a salvação, e a implicação disso é a de que, se algo mais precisa ser feito, a igreja fará isso por você.

"Entretanto, não disse Jesus aos seus discípulos: 'Por que me chamais a mim, Senhor, Senhor, e não fazeis o que eu digo?'*

"Suponha que você quer riquezas. Será que você se sentará num quarto e esperará que Deus lhe dê essas riquezas só pelo fato de você acreditar nEle? Dificilmente! O que você fará é trabalhar duro para as conseguir. Por que, pois, esperar que a salvação venha até você naturalmente, só porque você acredita?

---

* "Porque pela graça fostes salvos por meio da fé. Isso não provém de vossos méritos, mas é puro dom de Deus. Não provém das obras, para que nenhum homem se encha de orgulho." (Efésios 2:8,9)
** Lucas 6:46.

"E quanto àquela condição a mais para a salvação: ou seja, entrar para a igreja certa? A salvação é um problema pessoal que envolve a alma de cada pessoa e Deus. Individualmente, você precisa amar a Deus. A qualidade de membro de uma igreja talvez seja útil, se ela promove um relacionamento interior com Ele, mas só essa qualidade não é garantia de um relacionamento interior, e, decerto, não é o que a substitui.

"Se alguém lhe diz que o fato de ser membro de uma igreja fará com que você encontre Deus, pergunte a essa pessoa se a igreja dela pode comer em seu lugar: se ela não pode alimentar o seu corpo sem o seu próprio esforço no sentido de comer a comida, por que deveria você aceitar que ela alimentará a sua alma sem o seu esforço pessoal?

"Salvação significa liberdade da limitação do ego, que é imposta à alma por meio do apego à consciência do corpo. A salvação só pode advir mediante um grande esforço pessoal.

"É verdade que outros podem *ajudar* você no seu empenho. Também é verdade que lhe basta a graça de Deus para que você seja salvo; São Paulo estava totalmente certo no que disse. Não obstante isso, o seu esforço sincero também deve estar presente. Sem um grande empenho da sua parte, você jamais conseguirá se salvar."

2

"Mestre", disse um discípulo, "J. está um pouco desanimado. Alguém lhe disse que, de acordo com Ramakrishna,* a graça é apenas uma brincadeira de Deus. J. acredita que isso signifique que uma pessoa poderia meditar por anos e não conseguir com isso nenhum resultado, mas que Deus poderia se revelar a Si próprio a qualquer bêbado, se Lhe ocorresse fazer isso."

---

* Um grande mestre de época recente na Índia.

E o Mestre replicou: "Ramakrishna jamais diria isso! Eis um exemplo do que acontece quando as pessoas sem consciência das coisas do espírito tentam interpretar a palavra dos mestres. Deus não age segundo seus caprichos! Obviamente, esse fato pode *parecer* uma brincadeira, algumas vezes, a pessoas que não percebem as influências causais do karma passado. Entretanto, por que haveria Deus de ir de encontro à própria lei? Ele mesmo criou a lei."

3

"Em religião, há muita confusão sobre o tema da graça. As pessoas pensam que Deus quer que Lhe agradem como uma condição por Ele imposta no sentido de atender às preces das pessoas. Estas imaginam Deus à sua imagem e semelhança, em vez de se aprofundarem na meditação a fim de descobrir de que modo é que elas foram criadas à Sua imagem.

"Deus não precisa favorecer ninguém! Sua graça não se baseia num gosto ou aversão pessoal. É verdade que Ele reage ao amor do fiel, mas esse amor também deve ser impessoal. Ele deve estar isento da motivação do ego."

4

"O que é a graça? As pessoas a confundem com o favor divino, como se Deus pudesse ser comprado ou adulado no sentido de fazer algo que de outro modo não faria.

"Certa vez, conheci um homem que colocou cem dólares no prato de coleta durante um serviço da igreja numa manhã de domingo. Depois, ele expressou desapontamento quanto ao fato de Deus não lhe ter atendido às preces que acompanharam a sua oferta. Bem, Deus *já era* aquela oferta! Deus observa o coração, não o prato da coleta!

"Com respeito a isso, é quase tão ruim o fato de as pessoas dizerem que, para ser salvo, você precisa 'Acreditar! Acreditar! Acreditar!'; será que pensam que Deus precisa se afirmar por meio da crença que essas pessoas têm nEle? Ele observa o que elas são por dentro, e não a opinião que elas têm sobre as coisas.

"Um homem que se considera ateu, de fato pode algumas vezes estar mais próximo de Deus, em virtude do seu amor com relação às outras pessoas, do que muitos que acreditam em Deus, mas cujos atos com respeito ao próximo não são caridosos. Deus, também nesse caso, observa as ações das pessoas, não as suas palavras.

"Evidentemente, é sempre bom dar dinheiro a uma causa espiritual. A pessoa cria um bom karma procedendo assim. Também é melhor acreditar em Deus do que negá-Lo, pois sem a crença você não se esforçará no sentido de O encontrar. Mas não pense que Deus possa ser subornado ou adulado no sentido de lhe conceder a Sua graça. A única coisa que pode vencê-Lo é o seu amor.

"O que é, pois, a graça? É o poder de Deus, que é diferente e maior do que qualquer outro poder. Devido ao fato de Deus ser a única Realidade, dEle também é o único poder na existência. Vistos a essa luz, nossos esforços humanos são ilusórios. É o poder dEle, até mesmo quando recorremos a ele inconscientemente, que realiza todas as coisas que alcançamos na vida. E os nossos fracassos se devem à falta de harmonia da nossa parte com esse poder.

"A graça de Deus flui até nós à medida que nos tornamos cada vez mais receptivos a Ele. Ela não vem até nós do mundo exterior. Trata-se de um processo da nossa própria realidade superior, e esse processo ocorre dentro de nós. A graça é concedida quando vivemos mais com a consciência da alma e menos concentrados no ego."

5

"Na história da religião, há um debate eterno quanto ao que é importante: a graça divina (*kripa*, como é chamada na Índia) ou o esforço humano. A resposta é muito simples, e os mestres repetidas vezes têm tentado levá-la às pessoas nos seus ensinamentos.

"O homem deve fazer o melhor que puder, é claro. Entretanto, o melhor que fizer haverá de se coroar de êxito na medida em que ele compreenda que não é ele, como ser humano, que está agindo, mas que é Deus que age por intermédio dele, inspirando-o e orientando-o.

"Pensar em Deus como o Agente não faz com que a pessoa seja passiva. Requer uma grande força de vontade ser receptivo a Ele. O fiel deve se oferecer positiva e alegremente para o fluxo da graça divina.

"O poder que está em você é *seu, mas é dado por Deus*. Faça uso dele; Deus não o utilizará por você. Quanto mais você harmoniza a sua vontade com relação à Sua infinita vontade, durante a atividade, mais você terá o poder de Deus e a Sua infinita vontade, mais você terá o Seu poder e a Sua bênção fortalecendo-o e orientando-lhe os passos em tudo o que fizer."

6

"Reze a Deus assim: 'Senhor, vou refletir, querer e agir, porém orienta a minha reflexão, a minha vontade e a minha atividade no caminho certo em todas as coisas.'"

7

"Deus nem sempre atende às suas preces do modo esperado, porém, se a fé que você tem nEle jamais vacilar, Ele lhe assegurará muito *mais* do que você espera."

8

Um discípulo perguntou: "Mestre, qual é a diferença entre a fé e a crença?"

Yogananda respondeu: "A crença é mental. Ela se assemelha às hipóteses formuladas pela ciência, que requerem a comprovação por meio da experimentação. Por outras palavras, a crença é provisória. Suas premissas devem ser postas à prova no 'laboratório' da meditação, e testadas na experiência imediata de Deus.

"Ponha à prova a sua crença – sem alimentar dúvidas. Ponha-a à prova porque você quer *conhecer* a verdade, e não simplesmente porque quer pensar sobre ela.

"'A fé, disse São Paulo, 'é a comprovação das coisas que não são vistas.'* Não é que a crença em si comprove a existência das realidades superiores, nem que a crença das pessoas de que o mundo era plano fizesse com que ele ficasse assim. A verdadeira experiência das realidades superiores, contudo, concede à pessoa fé nessas realidades. Isso é o que São Paulo quis dizer. Só com a constatação interior é que vem a fé.

"Há muitas coisas na sua vida que ainda hoje poderiam fazer com que você tivesse fé. Você não tem de esperar que visões o façam ter fé. Oriente-se a partir da experiência que você já tem. Não conserve sua religião num nível exclusivamente mental.

"Já sentiu a paz de Deus na meditação? Já sentiu o amor de Deus tocando o seu coração? Essas coisas já não são reais e significativas para você? Pois aferre-se a elas. Faça da experiência os fundamentos da sua fé. Como disse Jesus, 'Falamos daquilo que *conhecemos*'**. Baseie-

---

* "A fé é o fundamento da esperança, é a evidência a respeito do que não se vê." (Hebreus 11:1). Paramhansa Yogananda confere a essa passagem um sentido mais profundo do que o que é comumente atribuído a ela, e muda ligeiramente as palavras com o objetivo de adaptá-las à sua percepção mais profunda. (N. do Org.)
** João 3:11.

-se no que você já conhece. Como Jesus disse também, 'Ao que tem, se lhe dará e terá em abundância'*.

"Swami Shankaracharya, um grande mestre na antiga Índia, estava na margem oposta de um rio com relação à margem em que um discípulo que lhe era muito íntimo se encontrava. Com um sorriso sereno, ele chamou o discípulo: 'Venha aqui!'

"Sem hesitar, o jovem deu alguns passos na direção da água. Uma folha de lótus emergiu e serviu de apoio aos seus pés; a cada passo, mais uma folha surgia, até que ele cruzou o rio, e, na outra margem lançou-se aos pés do mestre. Daquele dia em diante, ele se tornou conhecido como *Padmapada*, 'Pés de Lótus'.

"Padmapada não tivera nenhuma experiência quanto ao poder do guru no sentido de criar as folhas de lótus para que servissem de apoio aos pés das pessoas. Entretanto, ele *sentira* o poder do seu guru de outras maneiras. Portanto, ele acolheu essa experiência, em vez de impedir que ela viesse fazer parte da sua vida tendo dúvidas e fazendo restrições."

9

"A fé significa ampliar a sua percepção intuitiva da presença de Deus dentro de você, e não contar com a razão como a sua principal via de conhecimento."

10

"Duas senhoras que eu conhecia tinham o hábito de deixar as portas do carro destrancadas quando estacionavam. Certa vez, eu disse para elas: "Vocês deveriam ter o cuidado de fechar o carro.'

---
* Mateus 13:12.

"'O que está acontecendo com você?', elas disseram. 'Onde está a sua fé em Deus?'

"'Eu tenho fé', respondi, 'mas não é fé o que vocês estão colocando em prática. É imprudência. Por que deveria Deus proteger vocês duas, quando vocês não fazem nada para se protegerem?'

"'O Senhor olha por nós', asseveraram. 'Nada nos será roubado.' Desse modo, continuaram a deixar o carro à mercê de quem quer que passasse.

"Bem, certo dia elas levavam dentro do carro títulos no valor de vários milhares de dólares, e outros bens valiosos. Elas saíram do carro e deixaram tudo ao encargo da 'fé' que tanto alardeavam. Durante a ausência delas, os ladrões chegaram e roubaram tudo, à exceção de um item de menor importância, que eles de algum modo não viram. Uma das senhoras perdeu todo o dinheiro que estivera economizando durante anos.

"Posteriormente, eu lhes disse: 'Por que esperar que Deus proteja vocês se vocês mesmas ignoram as leis da razão e do bom-senso criadas por Ele? Tenham fé, mas, ao mesmo tempo, sejam pessoas práticas. Não façam exigências desnecessárias a Ele, tampouco esperem que Ele faça tudo para vocês pelo simples fato de vocês acreditarem nEle. Ele *cuidará* de vocês, mas é preciso que vocês também cumpram a sua parte.'"

11

Certa mulher, uma discípula, por vezes se arriscava tolamente, refutando as críticas que lhe eram feitas com o seguinte argumento: "Se alguma coisa sair errada, o Mestre me protegerá." Certo dia, essa afirmação foi transmitida a Paramhansa Yogananda.

"Que coisa!", ele exclamou. "Deixe só ela guiar o carro dela rumo a um desfiladeiro e ver se eu ou o próprio Senhor haveremos de protegê-la das consequências da sua loucura! Devemos ter bom-senso, e não abusar das exigências que fazemos a Deus."

E ele acrescentou: "No reino divino, a presunçao nao tem vez."

12

"A fé deve ser desenvolvida. Ela não pode ser adquirida só pelo pensamento e pela vontade. Se você se lançar do topo de uma montanha dizendo 'Deus me protegerá', você vai ver só se ele haverá de fazer isso... Ele espera que você use o bom-senso que Ele lhe concedeu.

"Ele vai cuidar de você, certamente, se você sempre fizer o melhor que puder, agir com sensibilidade e deixar as consequências nas Suas mãos. A fé, contudo, deve ser 'regada' pela experiência interior, assim como uma planta. Quanto mais você sente verdadeiramente o cuidado que Ele tem com você, mais você pode contar com Ele – não de maneira fanática, mas de modo natural, divino."

13

"O grau da fé e do fluxo da graça divina na sua vida é determinado pela amplitude da sua autorrealização. O que você tentar realizar por meio da graça deverá ser temperado pelo que você recebeu do poder de Deus na sua vida. Grandes milagres da fé, tais como ressuscitar os mortos, só são possíveis a quantos compreenderem Deus como a única Realidade. Para esses milagres, a afirmação mental, ainda que realizada de modo muito intenso, não é o bastante.

"Havia um homem que lera na Bíblia que a fé pode mover montanhas. O preceito das Escrituras o impressionou em especial porque, do lado de fora da janela do seu quarto, havia uma colina que obstruía a visão de um belo lago.

"Certa noite, ele decidiu pôr à prova as Escrituras. Cheio de fé, porém falto de experiência, ele orou demorada e honestamente ao Pai no sentido de que Ele removesse aquela colina e a lançasse ao mar. Quando ele foi para a cama, olhou ansiosamente para fora da janela a fim de constatar as consequências da sua oração.

"Ao despertar na manhã seguinte, precipitou-se em direção à janela e olhou para fora. A colina não havia saído um milímetro do lugar.

"'Eu *sabia* que você ainda estaria aí!', exclamou ele.

"Assim é a fé, quando se trata de mera afirmação."

14

"Há muitas pedras no chão, mas bem poucas são diamantes. De modo semelhante, não é fácil encontrar verdades espirituais entre a confusão das opiniões humanas.

"A graça divina é como os mais preciosos desses raros diamantes. Ela está lá para ser encontrada por todos os que a buscarem diligentemente, porém, para encontrá-la, a pessoa deve fazer mais do que folhear alguns livros ou frequentar algumas palestras. A graça não pode ser encontrada onde as pessoas acreditam que ela esteja. Ela deve ser buscada do modo certo, no lugar certo, e com o espírito certo.

"O espírito certo é uma atitude de amor incondicional com respeito a Deus. O lugar certo é dentro de você. O modo certo é o silêncio da profunda meditação.

"Para achar Deus, você deve entrar em harmonia com os Seus caminhos."

Capítulo 12

A NECESSIDADE DE YOGA

◼

1

Um visitante: "O que é yoga?"

Paramhansa Yogananda: "Yoga significa *união*. Etimologicamente, essa palavra se liga a palavra inglesa *yoke* [jugo]. Yoga significa união com Deus ou união do nosso ego diminuto com o Eu divino, o Espírito infinito.

"A maioria das pessoas no Ocidente, e também muitas pessoas na Índia, confundem yoga com Hatha-Yoga, o sistema das posturas corporais; mas o yoga é, primeiro que tudo, uma disciplina espiritual.

"Não quero diminuir o valor das posturas do yoga. O Hatha-Yoga é um sistema admirável. Além disso, o corpo faz parte da natureza humana, e deve ser mantido em forma a fim de que não obstrua nossos esforços espirituais. Entretanto, os fiéis que estão propensos a encontrar Deus dão menos importância às posturas de yoga. Tampouco é estritamente necessário que eles as pratiquem.

"Hatha-Yoga é o ramo físico do Raja-Yoga, a verdadeira ciência do yoga. O Raja-Yoga é um sistema de técnicas de meditação que ajudam a harmonizar a consciência do homem com a consciência divina.

"Yoga é uma arte, bem como uma ciência. É uma ciência, porque oferece métodos práticos para controlar o corpo e a mente, tornando desse modo possível a meditação profunda. E é uma arte, pois, a menos que seja praticada intuitiva e sensivelmente, possibilitará apenas resultados superficiais.

"Yoga não é um sistema de crenças. Ele leva em consideração a influência mútua do corpo e da mente, e os leva a entrar em harmonia. Por exemplo, com muita frequência a mente não consegue se concentrar simplesmente por causa da tensão ou da doença no corpo, que impedem o fluxo de energia até o cérebro. Também com muita frequência a energia no corpo se enfraquece porque a vontade diminui, ou é paralisada por emoções que fazem mal.

"O yoga funciona primeiramente com a energia no corpo, por meio da ciência do *pranayama*, ou controle da energia. *Prana* significa 'respiração'. O yoga ensina como, por meio do controle da respiração, acalmar a mente e alcançar estados superiores de percepção.

"Os ensinamentos avançados do yoga levam a pessoa para além das técnicas, e mostram ao yogue, ou praticante de yoga, de que maneira dirigir sua concentração de modo a não apenas harmonizar a consciência humana com a divina, mas também a fundir a própria consciência no infinito.

"Yoga é uma ciência muito antiga; ele data de mil anos atrás. As percepções derivadas da sua prática compõem a espinha dorsal da grandeza da Índia, que, por séculos, foi legendária. As verdades advogadas pelos ensinamentos do yoga, todavia, não se restringem à Índia, tampouco aos que conscientemente praticam as técnicas de yoga. Muitos santos de outras religiões, incluindo muitos santos cristãos, descobriram aspectos da senda espiritual que são inerentes aos ensinamentos do yoga.

"Um grande número desses homens constituiu o que os indianos, também, aceitariam como grandes yogues.

"Eles haviam elevado sua energia acima do apego ao corpo para a identidade com o espírito.

"Eles haviam descoberto o segredo de dirigir o sentimento do coração para o alto, a serviço do cérebro, em vez de permitir que esse sentimento se espalhasse exteriormente, dando margem a inquietações.

"Eles haviam descoberto o portal da visão divina no ponto entre as sobrancelhas, através do qual a alma passa a fim de se fundir na Consciência de Cristo.

"Eles haviam descoberto o segredo da não respiração, e como nessa não respiração a alma é capaz de pairar até as alturas do espírito.

"Eles haviam descoberto o estado que alguns deles chamavam de casamento místico, em que a alma se funde com Deus e se torna uma coisa só com Ele.

"O yoga completa o ensinamento bíblico sobre como uma pessoa deveria amar a Deus: com o coração, com a mente, com a alma – e com a *força*. Pois esta é sinônimo de energia.

"A energia de uma pessoa comum está aprisionada no seu corpo. O fato de a vontade da pessoa não poder dispor dessa energia faz com que ela fique impedida de amar a Deus unilateralmente com qualquer um dos três aspectos da sua natureza: o coração, a mente ou a alma. Só quando a energia pode ser afastada do corpo e dirigida para o alto, na meditação profunda, é que é possível a verdadeira comunhão interior."

2

"Com uma forte lente de aumento, os raios do sol concentrados através dela podem atear fogo na madeira. De modo semelhante, a prática de yoga concentra a mente a fim de que o véu da dúvida e da incerteza se queime, e a luz da verdade interior se torne manifesta."

3

Uma adepta de uma outra doutrina espiritual objetou que a prática do yoga fazia com que ela se distraísse ao se exercitar na sua devoção. "Quero me sentir entusiasmada com o meu amor por Deus!", disse ela. "A prática das técnicas para encontrá-Lo não me agrada; ela parece demasiado mecânica.'"

"Certamente, ela pode ser mecânica", concordou o Mestre. "Mas seria um erro praticar yoga mecanicamente.

"Um perigo no caminho da devoção é a emotividade. Se uma pessoa continuar soprando uma vela, de que modo ela queimará continuamente? De modo semelhante, se você continuar se entregando aos desejos do seu coração, é possível que você fique 'inebriado' emocionalmente, mas de que modo você haveria de passar pelo 'inebriamento' mais profundo da bênção divina?

"O Senhor não está presente no bulício exterior, nem quando a mente se agita, mas no silêncio interior. O seu próprio ser é o silêncio. Ele fala à alma em silêncio.

"Não quero dizer que não seja bom clamar por Deus, verter lágrimas de amor por Ele. Mas o sentimento intenso, se expresso de maneira assaz visível, em pouco se desgasta.

"Depois de entoar hinos ao Bem-Amado e de clamar por Sua vinda, é importante que você refreie esses sentimentos que foram despertados, e o canalize para o alto, na tranquilidade da comunhão interior.

"Os sentimentos por que passa a pessoa quando o coração está agitado são como uma tempestade num dedal em comparação ao amor oceânico que irrompe na alma quando o coração está calmo. Se você agarrar o botão da devoção de modo demasiado apertado, ele não poderá abrir suas pétalas e estendê-las a fim de que recebam os raios do sol do amor de Deus. Só quando você abranda os sentimentos do seu coração é que você os pode canalizar para o alto. E só então é que eles haverão de se expandir para abarcar o Infinito.

"Pense nisso: quando você fala com alguém, não é normal querer ouvir o que essa pessoa diz? Portanto, depois de rezar e de entoar hinos a Deus, por que não dar ouvidos à resposta dEle na sua alma? A meditação é esse processo de ouvir. A meditação faz com que você fique receptivo às inspirações silenciosas de Deus dentro de você.

"A essência do yoga é o silêncio e a receptividade que a prática das técnicas gera na mente.

"Assim sendo, fique entusiasmado com Deus, sim, mas deixe cada vez mais que o entusiasmo, em si, advenha dele! Não se inebrie com os seus próprios sentimentos, mas com o enlevo de Deus na sua alma."

4

"O amor por Deus não deveria se dar à vista dos outros. Revelar aos outros o amor profundo que você sente por Ele é uma profanação do mais sagrado de todos os relacionamentos. O seu amor deve ser dirigido para dentro de você.

"Eis por que a prática do yoga é tão importante. Ela ajuda a dirigir os sentimentos das pessoas ao longo da senda interior que conduz a Deus.

"Havia uma santa famosa na Índia de nome Mira. Ela era uma *bhakta*, ou devota, que passava todo o seu tempo cantando para Deus. Mira era verdadeiramente uma santa; porém, seu marido era espiritualmente superior a ela. Ela nem sequer compreendia que ele era um ser espiritualizado, pois nunca falava de Deus. E assim sucedeu que, durante todo o tempo em que o marido estava em profunda comunhão interior com o Senhor, Mira continuava a rezar para a conversão dele! A ela parecia que isso era a única coisa que faltava na sua vida.

"Certa noite, enquanto estavam deitados na cama juntos, ela o ouviu falar com Deus durante o sono: 'Meu Bem-Amado! Oh, quando virás até mim e aliviarás as dores causadas pelas ânsias do meu coração?'

"Na manhã seguinte, Mira se dirigiu a ele alegremente: 'Desmascarei você!'

"'Não diga isso!', rogou ele, seriamente.

"'Oh, você não pode me enganar mais! Agora compreendo que grande devoto é você.'

"'Lamento muito o fato de você ter dito isso', ele respondeu. 'Pois agora é preciso que eu a abandone. Há muito tempo fiz uma promessa a Deus de que, se alguém descobrisse o amor que sinto por Ele, haveria de abandonar este mundo.' Imediatamente ele se sentou no chão, com a postura do lótus, e partiu do seu corpo."

5

Um estudante: "Por que a concentração é necessária?"

Yogananda: "A concentração é a chave para o sucesso em todas as coisas. Até mesmo o homem de negócios deve ser capaz de se concentrar, ou de outro modo não haverá de obter êxito nos seus afazeres habituais.

"Se você está conversando com alguém, e essa pessoa não para de olhar ao redor do recinto e dá mostras de estar inquieta, você não começa a imaginar que essa pessoa não está realmente ouvindo você? Depois de algum tempo, você pode perder o interesse no sentido de continuar conversando com ela.

"Portanto, não espere aproximar-se de Deus até que possa se sentar tranquilo, aberto e receptivo à presença dEle dentro de você."

6

Alguém que entrara havia pouco para a igreja da Sociedade da Autorrealização em Hollywood perguntou a Paramhansa Yogananda: "Por que são necessárias técnicas para desenvolver a concentração? Uma pessoa não pode simplesmente 'fluir' com a inspiração que sente ao orar?"

"Um violinista pode sentir-se inspirado", replicou Yogananda, "mas se ele não aprender as técnicas que foram desenvolvidas por meio da experiência dos grandes músicos, ele nunca se tornará mais do que um amador inspirado. Da mesma forma, as técnicas de yoga são necessárias para ajudar você a mergulhar no silêncio interior."

7

"Mestre", queixou-se um discípulo, "que dificuldade eu tenho para me concentrar! Dedico-me à minha prática das técnicas de yoga, mas nunca pareço avançar com elas."

"Não basta praticar mecanicamente", replicou o Mestre. "Também deve haver um interesse sincero no que você está fazendo. Você deve aprofundar a sua devoção.

"Observe as pessoas no cinema. Por acaso elas não se tornam yogues? Veja como elas ficam imóveis durante as cenas de suspense; como se envolvem com o enredo à proporção que ele prossegue. Toda essa concentração simplesmente porque o interesse delas foi despertado!

"Medite dessa forma.

"Quando você se convence de que quer realmente encontrar Deus no silêncio interior, é fácil para você sentar-se tranquilo e meditar profundamente."

8

Aos discípulos, Yogananda não raro dizia: "Seja paciente na sua prática do yoga. Uma planta não haverá de se desenvolver no momento em que você planta a semente. 'Apressa-te lentamente', diz o ditado. Pode demorar para alcançar os resultados por que você espera, porém, quanto mais você pratica, mais você perceberá que a sua vida está mudando.

"Chegará o dia em que você nem sequer haverá de se reconhecer na pessoa que foi um dia."

9

Alguém perguntou: "O que acontece àqueles que tentam alcançar Deus sem o benefício das técnicas de yoga?"

"Algumas dessas pessoas têm sucesso", respondeu o Mestre "se vieram para esta vida com um intenso karma espiritual do passado. A grande maioria, contudo, ainda que principie a caminhada com entusiasmo, aos poucos fica sem estímulos.

"'Onde está esse Deus de quem tanto se fala', acabam perguntando, 'e a quem tenho rezado todos esses anos?' Essas pessoas obtêm certa paz interior, no entanto, com o passar dos anos, suas preces cada vez mais se tornam uma questão de hábito, e menos uma questão de inspiração.

"No Ocidente, poucas vezes os séculos testemunharam santos tão importantes quanto os que houve na Índia."

Capítulo 13

A ESTRADA PARA O INFINITO

◼

1

"Qual é a melhor religião?", perguntou um buscador da Verdade.

"A autorrealização", respondeu Yogananda.

"Com efeito, a autorrealização é a *única* religião. Pois ela é o verdadeiro objetivo da religião, independentemente de como as pessoas definam a religião delas. Uma pessoa pode ser cristã ou judaica, budista ou hindu, maometana ou zoroastrista; pode afirmar que Jesus Cristo é a única via, ou que Buda e Maomé são o único caminho – como o fazem, na verdade, milhões de crentes. A pessoa pode insistir em que determinado ritual ou lugar de adoração promovem a salvação; mas tudo se resume no que a pessoa é em si mesma.

"Milhares de Cristos não seriam capazes de levar Deus a você, caso você primeiro não demonstrasse amor a Ele.

"Por que deveria Deus se preocupar com o modo como você O define? Poderia algum dogma abarcar Deus, que é tudo, muito mais do que tudo? E será que você não sabe que um muçulmano ou um hindu que ame a Deus é tão caro a Jesus Cristo quanto qualquer outro cristão – e muito mais admirado por Ele do que os que estão entre os Seus seguidores e que acreditam em Deus com as suas mentes, mas que não têm amor por Ele nos seus corações?

"Jesus Cristo não veio à Terra, tampouco nenhum grande mestre, a fim de levar as pessoas até Ele. Veio para as levar até a Verdade – a Verdade que, segundo Ele disse, 'libertar-vos-á'*. A mensagem divina sempre é impessoal na medida em que se relaciona com essa Verdade.

"Ao mesmo tempo, ela é pessoal na relação que mantém com o buscador individual. Isto é, os mestres não dizem às pessoas: 'Você será salvo pela religião que segue, exteriormente.' Os mestres dizem a essas pessoas: 'Você será salvo pelo que você faz, pessoalmente, para afirmar sua semelhança com Deus.'

"A autorrealização é a eterna mensagem da religião. Independentemente de quais sejam as suas crenças e práticas, o propósito fundamental da religião é ajudá-lo a dar vazão ao seu potencial mais pleno, na condição de filho de Deus.

"A onda tem de compreender que a sua realidade, como uma simples onda, é efêmera. Ela talvez surja repetidas vezes na forma de outras ondas, porém, ao fim e ao cabo, ela terá de compreender que a sua realidade não está na sua condição individual de onda, mas no oceano do qual ela é uma manifestação. A compreensão dessa verdadeira identidade requer que ela mergulhe no oceano e que se torne uma coisa só com ele.

"Suponhamos que um judeu se converta ao Cristianismo. Ele para de ir à sinagoga e, em vez disso, vai à igreja. O simples fato de sua conversão lhe assegura, por acaso, a salvação? Não, se ela ao mesmo tempo não faz com que ele ame a Deus mais profundamente.

"A religião não é uma roupa que você possa vir a usar exteriormente, porém as vestes de luz que você tece em torno do coração. Por roupa exterior não entendo a sua indumentária física apenas, mas os pensamentos e as crenças que o envolvem. Eles não são *você*. Descubra quem você é debaixo desses adornos exteriores, e você descobrirá quem foi Jesus, Buda e Krishna. Pois os mestres vêm à Terra com o objetivo de apresentar a todo homem um reflexo do seu Eu mais profundo e eterno."

---

* João 8:32.

2

"Meu guru, Sri Yukteswar, gostava de uma canção que traduzi, da qual dois versos são os que se seguem: '*Pranayama* seja a tua religião. *Pranayama* será a tua salvação.'

"*Pranayama* significa controle da energia no corpo, e sua direção ascendente, passando pela espinha até o cérebro e até o centro de Cristo entre as sobrancelhas. Essa é a senda do despertar. Não se trata de dogma nem de crença. Trata-se simplesmente do modo pelo qual fomos criados por Deus.

"A consciência penetra no corpo por meio do cérebro e da espinha. Quando o espermatozoide e o óvulo se unem para criar o corpo físico, eles o fazem no que vem a ser a medula oblongata, na base do cérebro.

"A partir dessa medula, a força vital se desloca até o cérebro, passando pela espinha, até o sistema nervoso, e depois se dirige até os músculos, etc., criando o corpo.

"O meio de sair do corpo é, pois, reverter esse processo. A dificuldade em fazer isso está no fato de a força vital já ser condicionada pelo nascimento no sentido de dar continuidade ao seu direcionamento para fora – através dos sentidos, e para diante, rumo ao meio ambiente, à medida que ele é percebido pelos sentidos. Assim, pensamos que possuímos o mundo e que o usufruímos por meio do corpo.

"Seja como for, jamais podemos conhecer qualquer coisa fora de nós mesmos, a não ser de modo vicário, à medida que os sentidos transmitem suas impressões ao cérebro. Podemos tentar ampliar nossa compreensão do mundo mediante o estudo, ou a nossa fruição desse mundo por meio dos prazeres sensuais. O fato é que jamais podemos conhecer algo a não ser por meio dos sentidos, enquanto a força vital continua presa no corpo.

"Entretanto, *existe* um meio para se sair do corpo. Ele se destina a fazer com que a força vital se funda com a energia cósmica; a fazer com que a consciência se incorpore à consciência do infinito.

"O meio de se alcançar esse objetivo é desviar a força vital dos sentidos e concentrá-la na espinha; dirigi-la para o alto, passando pela espinha até o cérebro, e de lá fazê-la passar pelo centro de Cristo entre as sobrancelhas.

"O ego está concentrado na medula oblongata. Esse é o polo negativo da autoconfiança. O polo positivo se localiza no centro de Cristo. A concentração nesse centro – no olho espiritual, a sede da visão espiritual – projeta a consciência além do ego, rumo ao Infinito.

"A espinha é a estrada para o Infinito. O seu corpo é o templo de Deus. É dentro do seu Eu interior que Deus deve ser compreendido. Independentemente dos lugares de peregrinação que você visita no mundo exterior, e independentemente dos rituais que você realiza, também referentes ao mundo exterior, a 'peregrinação' verdadeira deve dar-se interiormente. E o maior rito religioso tem de ser a oferta da sua força vital no altar da comunhão com Deus.

"Eis por que Jesus disse: 'Derrubai este templo, e em três dias eu o reerguerei.' 'Ele falava', a Bíblia acrescenta, 'do templo do seu corpo'.*

"Essa é a senda de Kriya-Yoga."**

3

"Sua doutrina ajuda as pessoas a ficarem em paz com elas mesmas?", perguntou um visitante, um psiquiatra.

"Sim", replicou o Mestre. "Porém, entre as coisas que ensinamos, esse aspecto é de menor importância. Nosso principal objetivo é ajudar as pessoas a ficarem em paz com o Criador – a alcançar a perfeição da paz na consciência infinita."

---

* João 2:19,21.
** A técnica a que se refere com mais frequência no livro *Autobiografia de um Yogue*, e no relato que fiz da minha vida em companhia de Paramhansa Yogananda, intitulado *A Senda*. Kriya-Yoga é a técnica mais avançada na senda do Raja-Yoga. (N. do Org.).

4

"Certa feita, conheci um homem na Índia que estivera seguindo a senda da devoção durante vinte anos. Pude perceber que, em decorrência da sua devoção e sinceridade, ele estava pronto para passar por uma experiência com Deus; no entanto, o caminho da sua devoção até então não o fizera passar por essa experiência. Ele necessitava de Kriya-Yoga. Contudo, ele não o aceitou de mim; insistia em ser fiel, como imaginava, à própria senda que o levava para Deus.

"'Não se trata', expliquei, 'de substituir o seu caminho por outro, na busca de Deus. O Kriya-Yoga haverá de orientá-lo no sentido da realização na sua senda de devoção; por outro lado, você se parece com o homem que viveu durante vinte anos num quarto, tentando atravessar as paredes, o teto, o chão, para sair. O que lhe estou oferecendo é simplesmente mostrar a você onde está a porta.'

"Bem, por fim ele cedeu e passou pela sua iniciação em Kriya. Passada uma semana, ele teve a experiência de Deus que estivera esperando naqueles vinte anos.

"O Kriya-Yoga", concluiu o Mestre, "leva você à estrada universal onde se encontram todos os atalhos da prática espiritual."

5

"Sou capaz de reunir alguns jovens do tipo mais intranquilo, e deixá-los praticar Kriya-Yoga durante duas horas todos os dias segundo a minha orientação e, sem problemas, em quatro ou cinco anos posso fazer deles verdadeiros santos.

"Não lhes pregarei um único sermão. Simplesmente haverei de lhes dizer que pratiquem o Kriya-Yoga duas horas por dia, e em pouco eles perceberão a diferença na vida deles. Esse é um grande desafio.

"Evidentemente, eles terão de praticar segundo a minha orientação. Isso não será fácil; mas certamente vale o esforço."

Capítulo 14

A NECESSIDADE DE UM GURU

◼

1

"O termo autorrealização", declarou uma visitante, com certa arrogância, "a mim me parece totalmente incompatível com a crença hindu, no que concerne à necessidade de se ter um guru. Considero a autorrealização, como conceito, algo definitivamente interessante, porém, eu, como ocidental, não aprovo esse conceito de guru.

"Acredito em 'caminhar com as próprias pernas', em passar por provações na vida e aprender por mim mesma com essas provações. Quem quer que tivesse caráter haveria de querer fazer o seu aprendizado na vida por meio de alguém mais?"

"O que você me diz se tivesse vontade de aprender a pilotar um avião?", perguntou Paramhansa Yogananda. "Será que você faria objeções quanto ao fato de alguém lhe mostrar de que modo pilotar?"

"Bem, evidentemente que não", retrucou a senhora. "Mas eu estou falando sobre situações da vida, não sobre situações artificiais. Estou me referindo ao tipo de circunstância em que qualquer adulto deve ser capaz de tomar decisões adultas."

"Assim como se vestir para dar um passeio sem primeiramente se informar sobre a previsão do tempo?", perguntou ironicamente Yogananda.

"Bem...", hesitou a mulher.

"Certamente, seria uma tolice passar pela vida sem aceitar conselhos de outras pessoas."

"Evidentemente", concordou a senhora. "No caso de um guru, todavia, o discípulo é obrigado a obedecer-lhe sem fazer perguntas, como um robô."

"De jeito nenhum!", replicou Yogananda, enfaticamente. "Qualquer guru que exija de seus discípulos uma obediência cega haverá de atrair para si apenas discípulos cegos. Ele ficaria distante dos discípulos esforçados, que por si próprios são pessoas talhadas para seguir a senda que conduz à compreensão de Deus.

"É preciso grande vigor e grande força de caráter para encontrar Deus. Poderia o abalo causado pela sensação da onipresença ser suportado por alguém fraco espiritualmente?

"Nenhum discípulo é obrigado a obedecer ao seu guru. A liberdade de aceitar ou de rejeitar alguma coisa é uma das primeiras leis da vida espiritual. Trata-se de um direito que nos foi dado pelo Senhor desde a época da nossa criação."

O Mestre sorriu. "Basta observar quantas pessoas exercem o seu direito de rejeitar Deus encarnações afora! No entanto, o Senhor é humilde, e jamais se impõe a quem quer que seja. É possível que O rejeitemos durante eras, e o Senhor, amando-nos pela eternidade, diz: 'Esperarei.'

"Você compreende o que está dizendo ao afirmar que é atraída pelo conceito de autorrealização, enquanto rejeita a necessidade de um guru? As pessoas comumente interpretam de modo errado a autorrealização, imaginando tratar-se do desenvolvimento da personalidade humana no potencial mais elevado. Mas a autorrealização é uma potencialidade da alma, não é uma potencialidade humana.

"A personalidade assemelha-se a uma floresta densa, além da qual se encontra a bela, ampla terra que lhe foi prometida por Deus. Para alcançá-Lo, você deve de algum modo sair da floresta, e não perder tempo explorando as inúmeras veredas que lá se encontram.

"As pessoas não sabem como sair dessa floresta mental. Todo caminho que tomam acaba no emaranhado da vegetação rasteira, ou as leva de volta aonde primeiramente começaram. Com o tempo, essas pessoas acabam se conscientizando de que estão perdidas.

"Então, se alguém chega e diz: 'Conheço bem esta floresta; permita-me que lhe mostre o caminho através dela', será possível que essas pessoas haverão de considerar uma ameaça ao seu livre-arbítrio semelhante proposta? Por acaso essas pessoas não haverão de considerar essa proposta como uma oportunidade de realizar com êxito o que a sua própria vontade esteve tentando por tanto tempo levar a cabo, mas sempre em vão?

"Você fala de decisões maduras. Nessa floresta, a idade nada tem que ver com a capacidade que tem uma pessoa de tomar decisões. A experiência é o que vale. Até mesmo uma criancinha, que conheça o caminho, haverá de conduzir você melhor do que você mesmo, caso você esteja perdido. Nesse contexto, poderia até mesmo ser mais acertado dizer que essa criança é mais 'adulta' do que você. Em qualquer grau, ela é mais capaz de assumir a responsabilidade no sentido de levar você aonde você quer ir.

"Todos nós, diante de Deus, não passamos de criancinhas. A vida em si é uma grande escola, e nossas lições nela não haverão de terminar até que tenhamos compreendido quem somos *realmente*, na condição de filhos do Infinito.

"O objetivo do guru não é enfraquecer a sua força de vontade. É, de preferência, ensinar a você os segredos quanto a desenvolver o seu poder interior, até que você possa se conservar inabalável em meio a um mundo que rui ao seu redor.

"Certamente, desenvolver essa divina confiança em si mesmo é uma realização muito mais importante do que 'caminhar com as próprias pernas' nas situações corriqueiras da vida.

"As pessoas que rejeitam a necessidade de ter um guru", concluiu Paramhansa Yogananda, "não compreendem que montanha íngreme se lhes defronta na senda que leva a Deus. Escalar essa montanha sem a ajuda de um guia seria mais do que tolice: espiritualmente, seria desastroso."

2

"Um estudioso de pedras preciosas é capaz de fazer distinção entre uma pedra genuína e a que é uma imitação. Se você for comprar uma pedra preciosa cara, porém desprezar os conselhos de um perito, é possível que você descubra depois que gastou uma grande quantia de dinheiro inutilmente.

"Um guru assemelha-se ao estudioso de pedras preciosas. Ele pode ajudar você a evitar erros que lhe custem caro e que, de outro modo, poderiam fazer com que você retrocedesse, em termos de esforços espirituais, por muitas encarnações."

3

"O labirinto, na mitologia grega, era tão intricado que todos os que um dia se encontraram dentro dele jamais foram capazes de achar a saída; entretanto, Teseu foi bem-sucedido. O que ele fez foi levar consigo um novelo de lã que ia desenrolando à medida que penetrava no labirinto. Seguindo o fio de lã, ele encontrou o caminho para voltar.

"O guru assemelha-se a esse retrós. Ele não tem de estar lá para lhe dizer o que fazer cada vez que você tiver de mudar de direção. Estar em harmonia mental com ele será o suficiente. Por meio dessa harmonia, você saberá se as escolhas que têm diante de si são certas ou erradas."

4

"As pessoas que ainda estão encerradas no cárcere do ego imaginam por vezes que um guru possa ser uma ameaça à sua liberdade pessoal. Não compreendem que a liberdade é exatamente aquilo que não têm no presente!

"A função do guru é abrir as portas desse cárcere. Se um discípulo, achando-se ainda limitado, grita: 'Deixe-me sozinho; estou satisfeito com o meu pequeno ninho de prazeres e desejos!" o guru não haverá de insistir. Ele dirá, simplesmente: 'Vim porque você me chamou; de outro modo, eu não o teria perturbado. Não foi por necessidade minha que aqui cheguei. Foi porque você precisava de mim. Desse modo, aguardarei até que você me chame novamente.'

"Aceitar um guru não significa aceitar carregar um fardo! Não se trata de uma ameaça ao livre-arbítrio e à felicidade de uma pessoa! Trata-se, em vez disso, da maior bênção que você, ou qualquer outra pessoa, pode ter neste mundo. As encarnações do karma bom são necessárias para atrair a ajuda de um verdadeiro guru.

"A princípio, Deus envia ao buscador uma orientação indireta, mediante livros e mestres de menor importância. Só quando o desejo de encontrar Deus é muito forte é que Ele envia ajuda na forma de um guru autorrealizado. O fato de um estudante aceitá-lo não constitui nenhum favor ao próprio guru. Em vez disso, o estudante deve ter rezado muito, nesta vida e nas vidas anteriores, para ter alcançado bênção tão grande.

"Isso não significa que você precise sair por aí atrás de um guru. O Senhor haverá de lhe enviar esse guru, ou então fará com que você se encaminhe até ele, quando você estiver preparado espiritualmente."

5

"O vínculo com o guru, uma vez estabelecido, não se restringe apenas ao tempo de vida. Ele é para sempre. Até mesmo depois de o discípulo ter alcançado a liberdade espiritual, ele reconhece o guru como o canal por meio do qual adveio a sua libertação.

"Pois o guru é simplesmente um canal para o poder e para a sabedoria de Deus. Deus é o verdadeiro Guru.

"O guru assemelha-se a um transformador, que torna uma voltagem mais elevada, acessível aos lares comuns.

"Vez por outra, o discípulo se torna, de fato, superior ao guru. Esse foi o caso de Jesus, espiritualmente mais desenvolvido do que São João Batista, embora este – assim como explico na minha autobiografia* – tivesse sido seu guru em encarnações anteriores. Eis que João disse, humildemente, que Jesus devia batizá-lo. E deste modo Jesus respondeu: 'Deixa estar por enquanto, pois assim nos convém cumprir toda a justiça.'** E assim também Jesus disse: 'Entre nascidos de mulher não há nenhum profeta maior do que João.'*** Não foi o próprio Jesus nascido de mulher? Ele estava reconhecendo apenas o seu débito eterno na condição de discípulo.

"Desse modo, como você pode ver, o vínculo que há entre guru e discípulo não é o que há entre o senhor e o escravo. Trata-se de um vínculo eterno de amor e amizade divinos.

"Se, no começo, o guru disciplina o discípulo, ele assim o faz como melhor amigo do discípulo; como alguém que o ajudaria a alcançar o que mais quer na sua alma. Apenas um falso guru haveria de mimar o ego dos seus discípulos com palavras de adulação.

"Um verdadeiro guru jamais disciplina com motivações egoístas. Toda doutrina ou disciplina que ele transmite ao discípulo não provém de si próprio, mas de Deus."

---

* *Autobiografia de um Yogue*, Cap. 35, "A Vida Cristã de Lahiri Mahasaya".
** Mateus 3:14-15.
*** Lucas 7:28.

6

Paramhansa Yogananda certa vez disse a um discípulo: "Perdi contato com você durante algumas encarnações; mas jamais perderei o contato com você novamente."

7

Acerca de um outro discípulo, que rejeitara Yogananda como guru: "Ele jamais conseguirá a liberdade, exceto através deste canal, que lhe foi enviado por Deus."

8

"Mestre", disse um discípulo, "muito me alegra servir a Deus, mas, para mim, é muito difícil sentar-me quieto e meditar!"

"Muito bem", respondeu o Mestre, "por ora, sirva a Deus com fé, com devoção. Eu meditarei no seu lugar."

9

"Toda a orientação de que necessitamos está contida na Bíblia", afirmou o padre de uma outra igreja. "De que serve seguir um guru?"

Paramhansa Yogananda respondeu: "O que a Bíblia diz e o que as pessoas *entendem* do que ela diz frequentemente são coisas opostas! Você pode interpretar erroneamente as Escrituras, e elas não haverão de corrigi-lo; mas o guru pode indicar o seu erro.

"O guru é uma Escritura viva. Ele fala a partir da mesma percepção da Verdade que teve qualquer mestre que viveu antes dele. A fonte da sabedoria que a ele e a esses mestres é peculiar é a mesma.

"Além do mais, a Bíblia não é no mesmo grau de todo inspirada pela sabedoria mais elevada. Alguns dos que a escreveram eram criaturas mais iluminadas do que outras; alguns não eram em especial seres iluminados. Além disso, os tradutores, com uma compreensão meramente humana, alteraram o sentido de certas passagens – sobretudo das que haviam sido escritas com uma introvisão profunda, e por isso incomum.

"Até mesmo os discípulos de Jesus Cristo lhe relataram as palavras em conformidade com a sua capacidade de compreender essas mesmas palavras, capacidade por vezes limitada. Lemos passagens em que Jesus os censurava pela superficialidade das interpretações deles.

"Assim, a verdade na Bíblia nos chega filtrada, ainda que provenha de uma Escritura tão importante.

"Ademais, a doutrina das Escrituras é para todos. Não se limita às necessidades de um só buscador.

"Por tudo isso, um guru é necessário.

"A razão mais importante para se ter um guru, contudo, se encontra na própria Bíblia. Nela, lemos: 'Mas a todos aqueles que o receberem, aos que creem no seu nome, *deu-lhes* o poder de se tornarem filhos de Deus.'*

"O guru não dá ao seu discípulo somente a doutrina e a orientação: ele também lhe transmite o poder espiritual.

"Assim como Jesus ressuscitou Lázaro dos mortos, assim também o guru faz com que o discípulo se volte interiormente para a vida do Espírito. O Senhor, por intermédio do guru, desperta o fiel do seu longo sono de ilusões."

---

* João 1:12.

10

"Os que se juntam a nós nesta senda da autorrealização não estão ligados a alguma prensa tipográfica, mas a uma linhagem de mestres que compreenderam Deus. O próprio Deus, por intermédio deles, supervisiona esse trabalho. Todos os que o seguem com sinceridade e devoção serão levados a Ele."

Capítulo 15

O PAPEL DO DISCÍPULO

◼

1

Paramhansa Yogananda disse: "Quando conheci o meu guru, Swami Sri Yukteswar, ele me falou: 'Permita-me que eu discipline você.'

"'Por que, Senhor?', perguntei.

"'Quando encontrei o meu guru, Lahiri Mahasaya', ele respondeu, 'minha vontade era orientada pelos meus caprichos; mas quando a minha vontade entrou em harmonia com a vontade orientada pela sabedoria de Lahiri Mahasaya, minha vontade foi libertada em virtude de ser orientada pela sabedoria.'

"Da mesma forma", continuou Yogananda, "descobri que, sintonizando a minha vontade com a vontade de Sri Yukteswar, orientada pela sabedoria, minha vontade também se tornou livre.

"Esse é o escopo do discipulado e da obediência a que ele dá ensejo. O objetivo da obediência ao guru não é o de escravizar o discípulo, mas libertar-lhe a vontade daquilo que na verdade o escraviza: dos caprichos e de muito mais coisas – a escravidão ao semelhante e ao dessemelhante, e aos desejos e formas de apego.

"A maioria das pessoas considera uma afirmação da liberdade entregar-se aos seus desejos 'livremente'. Essas pessoas não percebem que o desejo em si é uma coisa que envolve a compulsão. O desejo obscurece o discernimento dessas pessoas. Que tipo de liberdade é a que, em determinado ato, leva a pessoa a se iludir cada vez mais?

"A cura espiritual requer a cooperação voluntária por parte do discípulo. Ela não pode ser adquirida por meio da passividade. A renúncia da pessoa, no sentido de ela se entregar à vontade divina, do modo como foi expresso por meio do guru, deve dar-se livre, voluntária e conscientemente.

"Os mestres ignorantes por vezes tentam impor a vontade deles aos discípulos. A liberdade jamais pode ser alcançada dessa forma, ainda que sejam essencialmente válidos os conselhos dados. É uma coisa errada, em termos de espírito, impor a vontade de alguém a uma outra pessoa, assim como a prática da hipnose, que enfraquece a vontade do hipnotizado.

"A obediência deve ser a obediência no nível mais alto possível. A instrução espiritual também deve advir desse nível elevado de consciência. Essa instrução deve estar em sintonia com a orientação pela qual anseia a sua própria alma.

"A diferença entre essa orientação inspirada pela sabedoria e o discernimento humano, que se baseia na introspecção, é que a mente não instruída é obscurecida pela semelhança e pela dessemelhança, e é condicionada por hábitos passados e velhas maneiras de ver as coisas. A consciência do guru, por outro lado, é como um perfeito espelho. Ela reflete o estado espiritual do discípulo a fim de que ele próprio possa tomar consciência desse estado. Ela lhe dá aquilo de que ele necessita para escapar do jogo da ilusão.

"A cooperação dada ao guru intensifica imensamente a força de vontade, pois ela põe em sintonia a vontade do discípulo com a infinita vontade de Deus."

2

"Por que se pede a um iniciado em Kriya que diga: 'Eu faço', quando ele se adianta para receber a bênção durante a cerimônia? Não se trata apenas de uma promessa no sentido de se exercitar nas técnicas e, de acordo com a tradição antiga, de guardar segredo delas. Trata-se, em vez disso, do 'hei de fazer' do discipulado. Essa afirmação expressa a inabalável resolução por parte do discípulo de daí por diante pôr de lado os desejos motivados pelo ego e de se dedicar a fazer apenas a vontade de Deus, do modo como foi expressa através da linhagem dos gurus.

"Se você se iniciar nesse espírito, rapidamente alcançará Deus."

3

"Ao comprar um carro, a princípio é sensato comparar os modelos. 'Esse carro tem tais e tais vantagens', você dirá. 'Esse outro tem outras tantas vantagens.' Quando você chega a uma decisão, contudo, o seu bom-senso fará com que você sustente essa opinião de modo positivo. De que serviria, a essa altura, a hesitação?

"Suponha que você compre um carro Plymouth, e saia dirigindo-o de Los Angeles com a intenção de ir para Boston. Entretanto, ao chegar no Arizona, você pensa: 'Talvez eu tivesse feito melhor comprando um Buick.' Desse modo, você volta, troca o seu Plymouth por um Buick e começa a viagem novamente. Contudo, logo que chega ao Novo México, você pensa: 'Acho que eu deveria ter comprado um Oldsmobile!' Dessa maneira, você volta para Los Angeles a fim de repetir o processo ainda uma terceira vez.

"À parte o custo de todas essas trocas, o desperdício tanto de tempo como de dinheiro, é possível que você jamais termine a sua viagem.

"Eis como são algumas pessoas: até mesmo depois de aceitar um guru, elas continuam a se perguntar a si próprias: 'Devo aceitar o que ele diz sobre esse assunto específico? Por que ele disse aquilo ontem. Eu mesmo não teria dito coisa semelhante.' E algumas vezes essas mesmas pessoas se indagam: 'Será que ele sabe o que está fazendo?'

"Não é que a obediência deva ser cega. Ela envolve discernimento e profunda compreensão intuitiva para saber como obedecer. No entanto, enquanto o discípulo não se livrar da tendência de se entregar a dúvidas difíceis de serem resolvidas, ele jamais estabelecerá com o guru um relacionamento capaz de levá-lo a Deus."

4

"A intuição é necessária ao discipulado. De outro modo, você não haverá de compreender a orientação do guru.

"Isso não depende muito da sua faculdade de raciocinar. A sabedoria não pode ser alcançada mediante a reflexão em torno da verdade. Tampouco o conhecimento intuitivo pode ser alcançado pelos argumentos.

"A introvisão espiritual requer que se entre em sintonia com o guru e se tenha fé no que ele diz e no que ele solicita de você. A fé intuitiva, não a lógica, é o fundamento da compreensão divina."

5

"Exercite a mente no sentido de dizer de imediato: 'Eu hei de fazer!' Só então pense como levar a cabo o que lhe foi pedido. Pois com pensar demasiado vem a hesitação, a confusão e a dúvida; ao fim e ao cabo, você pode achar que a sua força de vontade ficou tão paralisada que você é incapaz de agir."

6

"Algumas pessoas, ao dormir, quase não conseguem ser acordadas. Vocês as chamam, e elas não respondem. Você as sacode, e elas dizem: 'Me deixe em paz!'; você as sacode um pouco mais, e é possível que elas abram os olhos um pouquinho; talvez até mesmo cheguem a se sentar. Porém, no momento em que você as deixa, elas, por assim dizer, 'desmaiam' na cama e voltam a dormir novamente.

"Há algumas pessoas, por outro lado, que reagem com atenção alerta no momento em que você as chama. Essa é a maneira do verdadeiro devoto. No momento em que Deus o chama, ele reage ansiosamente e com boa vontade. Depois disso, ele jamais volta a pensar nostalgicamente no sono de ilusão por que passou anteriormente; porém, busca cada vez mais a vigília em Deus.

"Seja como esse verdadeiro devoto."

7

"Se um médico lhe passa uma receita, mas você a rasga e a joga fora, como você espera ser curado?

"O guru é o seu 'médico espiritual'. Aja em conformidade com o que ele aconselha. Se você seguir a 'receita' dele, pelo menos um pouco, a sua vida haverá de se transformar."

8

"Tivemos aqui um jovem que viera com a sua mãe. Todas as vezes em que eu tentava lhe oferecer uma sugestão quanto ao seu bem-estar, ele fazia beicinho, e choramingava: 'Mãe, ele esta ralhando comigo!'; por fim, eu simplesmente acabei deixando-o em paz. Por que tentar ajudar uma pessoa se ela não quer ser ajudada?

"Mas lembre-se: se eu disser alguma coisa que não lhe agrada, não é *você*, na sua realidade mais profunda, que está sendo magoado. É apenas aquela parte de você para cuja mudança você veio até aqui ou a parte de que você quer se livrar."

9

"Lembre-se das palavras de Jesus: 'Os últimos serão os primeiros.'* Siga assim até o final da vida. Os que estiverem lá – não por 'ter suportado firme', mas por terem amado a Deus – serão os primeiros no reino dos céus."

10

"A harmonia com o guru significa aceitação completa e sincera da sua orientação, e também das suas atividades. A aceitação que você demonstra deve ser irrestrita. Você não deve dizer, por exemplo, 'aceito o que o guru me diz nesta situação, mas não naquela'. Tampouco deverá você dizer, 'aceito o que ele me diz, mas não o que me dizem os que ele escolheu a fim de o representar'.

"A harmonia também significa atentar para a orientação *interior* do guru no seu coração. Em todas as coisas, pergunte-lhe mentalmente sobre o que você deverá fazer; de que modo você deverá se comportar; como você poderá amar a Deus mais profundamente. Mais do que orientação, solicite dele que ele lhe dê a *capacidade* de se desenvolver espiritualmente.

"Siga também a orientação do bom-senso. Jamais, em nome dessa harmonia, se comporte de modo a transgredir a razão e as normas

---
* Mateus 19:30.

de boa conduta. 'Aprenda a se comportar', Sri Yukteswar costumava dizer. Por outras palavras, que a harmonia com o guru não seja a sua desculpa para se entregar a uma imaginação não disciplinada!"

11

"As palavras não são capazes de transmitir a plenitude de uma ideia ou de uma percepção. Atente para as minhas palavras, mas tente também entrar em sintonia com o sentido mais profundo que há por trás delas. Prefiro atraí-lo com os meus pensamentos e ensiná-lo exteriormente, por meio das palavras. Pois só no momento em que consigo tocá-lo por dentro, na sua consciência, eu sei, de fato, que você apreendeu o meu verdadeiro sentido."

12

"Para que você entre em sintonia com a consciência do guru, visualize-o com o olho espiritual. Invoque-o mentalmente. Imagine os olhos dele voltados para você. Esteja disponível no sentido de a consciência dele inspirar a sua própria consciência.

"Então, depois de o chamar por algum tempo, procure sentir a reação dele no seu coração. O coração é o centro da intuição no corpo. Ele é o seu 'receptor de rádio'.

"A sua 'estação de rádio' está localizada no centro de Cristo, entre as sobrancelhas. É desse centro que a sua vontade transmite para o universo seus pensamentos e ideias.

"Quando você sentir uma resposta no coração, invoque o guru e diga: 'Apresente-me a Deus.'"

13

"Há um ditado nas Escrituras indianas: 'Todos os soldados de Krishna assemelham-se a Krishna.' Você é capaz de perceber com que raio da divina luz uma pessoa está em harmonia mediante a consciência que ela demonstra ter na sua vida. Essa pessoa desiste do seu ego diminuto, e passa a apresentar um novo brilho, que recebe as cores da vibração, ou um raio da luz que essa pessoa aceitou na forma da sua senda em direção a Deus.

"Não é que essa pessoa perca o contato com o que ela é, nela mesma. Esse contato nunca é perdido. Mas a pessoa assume a responsabilidade de manifestar Deus na sua vida, em vez de viver na servidão ao ego com as suas limitações relativas ao que é semelhante e dessemelhante.

"Já que a sua senda é a única a que Deus o levou, você naturalmente o exprime dessa forma. Atraindo para si mesmo a compreensão de Deus própria do guru, você alcança o estado de autorrealização que a ele é peculiar.

"Essa autorrealização por acaso faz de você uma cópia em carbono do guru? Basta observar, no nível humano, a diferença entre Sri Yukteswar e a minha personalidade. Sri Yukteswarji era um *gyani*.* Em contraste com isso, a minha natureza humana me deixa propenso a exprimir de preferência o amor divino e a alegria. No entanto, por dentro, no espírito, somos um só."

14

"Você deve ser fiel ao guru. A fidelidade é a primeira lei de Deus, da mesma forma que a traição é o pior pecado diante de Deus. Além

---

* Um sábio; alguém que manifesta Deus no Seu aspecto de sabedoria.

disso, se você for leal, demonstre sua lealdade por meio de atos e palavras.

"D–, uma das discípulas daqui, sempre foi muito prestativa por natureza, às vezes até demais. Houve uma época em que ela concordava com qualquer pessoa sobre quase todos os assuntos, apenas para não desagradar. Certa vez, eu disse a ela: 'Se alguém viesse até você e lhe dissesse 'Ontem vi Yogananda completamente bêbado, cambaleando pela Main Street', você responderia, de olhos arregalados, 'É mesmo?' 'Acrescentei: 'Sei que você não acreditaria nisso, mas será que você não percebe que deve ter a coragem de expressar a sua opinião?'

"Defender aquilo em que você acredita é uma prova de lealdade. Não digo que você deva ser fanático, mas, por outro lado, não seja uma pessoa sem personalidade. Se quiser se unir a Ele em espírito, a Ele que é o fundamento do universo, seja firme naquilo que você defende."

15

Certa discípula se queixava de que não sentia o apoio do guru tanto quanto as outras.

"Se você me fecha a porta', respondeu Paramhansa Yogananda, com tranquilidade, "de que modo posso entrar?"

16

Yogananda professou: "As companhias que uma pessoa conserva determinam em grande parte se a energia dessa pessoa haverá de fluir interiormente, em direção a Deus, ou exteriormente, em direção do mundo. As boas companhias são essenciais na senda espiritual."

"Senhor", perguntou um discípulo, "e quando estou só?"

O Mestre olhou demoradamente dentro dos olhos do discípulo e respondeu: "Mas eu não estou sempre ao seu lado?"

17

Alguns meses antes de Paramhansa Yogananda deixar o seu corpo, esse discípulo perguntou a ele: "Senhor, quando não pudermos mais vê-lo fisicamente, o senhor ainda assim continuará tão próximo de nós quanto agora?"

Com expressão grave, o Mestre replicou: "Estarei próximo daqueles que me *julgarem* próximo."

Capítulo 16

MANEIRAS DE ADORAR A DEUS

◼

1

"Estou intrigado com o conceito de autorrealização", disse um estudante de uma faculdade cuja especialização era filosofia. "Contudo, não entendo como o senhor o associa à adoração. Certamente, sua doutrina não afirma que devamos adorar a nós mesmos!"

"Mas não é o que todo o mundo faz?", perguntou Paramhansa Yogananda, sorrindo com humor. "Essa é a própria essência da ilusão: idolatrar o ego; derramar libações sobre ele, amimá-lo, entoar louvores a ele!

"Adoração significa procurar a identidade com o objeto da concentração de alguém. Na senda da autorrealização, o devoto procura transferir sua identidade do ego diminuto para o Eu infinito. Filosoficamente, é valido adorar esse Eu superior.

"Entretanto, é difícil para a mente humana apreender esse conceito. É possível afirmar: 'Eu sou o infinito', porém, sem humildade nem devoção, a pessoa incorre muito facilmente no erro de pensar: 'Eu, na minha grandeza excepcional, sou uma coisa só com o Infinito!'

"Por essa razão, é melhor, até que a pessoa se encontre num estágio espiritual bastante avançado, não pensar em Deus como 'Eu', mas se dirigir a Ele como 'Tu'. É também mais natural pensar dessa forma. Apesar de tudo, na condição de seres humanos, percebemos os outros como estando separados de nós mesmos, ainda que, em termos de espírito, todos sejamos manifestações de um Eu divino. Não perguntamos a um amigo sobre como ele está passando dizendo: 'Como estou passando hoje?'; proceder dessa forma causaria confusão até mesmo a um filósofo! Em vez disso, dizemos: 'Como *você* está?'

"Uma relação que envolva o 'Eu e o Tu' com Deus é mais simples e causa menos confusão. É também muito mais satisfatório para a mente humana. E é uma relação reconhecida por Deus.

"O Senhor reage à devoção sincera por parte dos Seus filhos humanos, jamais a uma autoafirmação presunçosa."

2

"O vapor é invisível", disse Yogananda, "porém, quando ele se resfria, torna-se visível como água. Esta, quando se congela, se transforma em gelo. O vapor e a água não têm forma, mas o gelo pode assumir incontáveis formas.

"De modo semelhante, o Senhor infinito não se deixa ver por trás da Sua criação, ainda que, assim como o vapor numa máquina a vapor, seja o Seu poder que faça todas as coisas funcionarem. No entanto, por meio da nossa devoção, podemos 'condensá-Lo' em termos visíveis como luz interior, contemplada na meditação. Por meio da meditação ainda mais profunda, a 'baixa temperatura' da nossa devoção é capaz de 'congelá-Lo' e fazer com que Ele se apresente a nós na sua forma real.

"Assim, o Senhor infinito tem surgido a muitos devotos na forma do Pai Celestial deles, na forma de Mãe Divina ou assumindo outros incontáveis aspectos, que são objeto da afeição desses devotos."

3

Um cientista certa vez desafiou Paramhansa Yogananda: "Considerando a vastidão do universo, com seus bilhões de galáxias, certamente não passa de superstição acreditar que o Criador dessa imensidade ouve as nossas preces."

"O seu conceito de Infinito é demasiado limitado!", retorquiu o Mestre, com um tiro certeiro. "Embora o Senhor seja infinitamente grande, Ele é também, na Sua infinidade, infinitesimal.

"Infinito significa 'sem fim'. O infinito da consciência de Deus não se desloca apenas exteriormente, mas também interiormente – até o núcleo do átomo. Ele está tão consciente de cada pensamento humano, de cada sentimento, quanto dos movimentos das inúmeras galáxias no espaço."

4

Um estudante de religiões comparadas apresentou ao Mestre um dilema com que havia deparado nos seus estudos. "Acho que toda religião expõe uma definição diferente de Deus. Isso me faz pensar se os fundadores das maiores religiões do mundo tinham realmente conhecimento daquilo sobre o que estavam falando!"

Paramhansa Yogananda replicou com um sorriso: "Sua mente foi condicionada a pensar que definir uma coisa equivale a compreendê-la. Nenhuma definição poderia dar conta de Deus.

"Um arquiteto, ao voltar de uma visita a Londres, poderia descrever a cidade em função das construções que vira. Um jardineiro, tendo visto as mesmas coisas, poderia descrever a cidade em função dos seus parques. Um político poderia falar das necessidades do povo de Londres. Nenhum deles seria capaz de transmitir a verdadeira experiência de se visitar essa cidade.

"Tomemos outro exemplo: De que modo você explicaria o sabor de uma laranja a alguém que nunca tivesse provado uma laranja? Você jamais poderia explicar isso de modo adequado.

"O objetivo da religião não é fornecer uma definição exata de Deus. O objetivo da religião é suscitar nas pessoas o desejo de comungar com Ele – de experienciá-Lo no silêncio interior, na alma.

"Os fundadores das grandes religiões falaram em conformidade com essa experiência interior. Quando procuraram explicar Deus, assim o fizeram em função do que esperavam pudesse sensibilizar os que os ouviam.

"Assim sendo, às vezes eles O descreviam como o seu Bem-amado; outras vezes, como um Rei poderoso; outras vezes ainda, como grande Luz. Jesus falou de Deus como sendo Ele o Seu Pai Celestial. Buda não falou de Deus para que as pessoas da sua época não dessem prosseguimento a uma dependência passiva da ajuda de Deus.

"Nenhum mestre está interessado em formular definições absolutas. O que um mestre espera é simplesmente transmitir uma sugestão da experiência divina.

"Dessa forma, se algumas vezes ele compara essa experiência divina com o ato de beber vinho, ou com os prazeres do amor entre os homens, isso se deve apenas ao fato de ele querer despertar nos homens o desejo de eles procurarem a perfeição além das coisas terrenas. Já que no presente eles se sentem atraídos por essas coisas, o mestre lhes diz: 'No êxtase, vocês encontrarão uma alegria infinitamente superior a tudo o que já puderam usufruir.'"

5

Um estudante hindu na América certa vez disse rindo a Paramhansa Yogananda: "Minha avó, na Índia, fica escutando *bhajans* (canções religiosas) no rádio. No final das canções, ela põe uma flor em cima do rádio na forma de uma oferta – como se o rádio fosse uma imagem sagrada!"

O Mestre sorriu diante desse encontro do materialismo científico e da piedade tradicional. "No entanto", comentou ele, "sua avó não é tão supersticiosa quanto parece. Pois, com essa flor, ela está exprimindo a gratidão que sente por Deus. Não que ela considere o rádio uma divindade. Ela está simplesmente buscando um foco exterior para manifestar sua devoção.

"E não é bom ver Deus em toda parte? Pensamos no rádio como uma coisa feita pelo homem; porém, de Quem proveio a inteligência que criou o rádio? De Quem, igualmente, o material a partir do qual ele foi feito?

"Quando buscamos retirar Deus do nosso ambiente, torna-se muito fácil para nós retirá-lo totalmente da nossa vida."

6

"Não consigo apreciar uma coisa na religião hindu", disse um cristão, severamente, "e essa coisa é a sua pletora de deuses."

"Há muitos", concordou o mestre. "Contudo, cada qual representa uma tentativa de fazer com que nos lembremos de Deus em um dos Seus inumeráveis aspectos. Eles são abstrações – um modo de dizer: 'Nenhum ser humano pode realmente entender o que Deus *é*; mas aqui, pelo menos, está alguma coisa que Ele *faz*.'

"Veja, por exemplo, a imagem da deusa Kali. Ela é um bom exemplo porque, de todas as imagens hindus, Kali tem sido a que mais recebeu interpretações equívocas por parte dos ocidentais.

"Kali se mostra nua. Seu pé direito está colocado sobre o peito do seu marido prostrado. Seu cabelo esvoaça, desgrenhado, às suas costas. Uma guirlanda de cabeças humanas adorna-lhe o pescoço. Com uma das quatro mãos ela brande uma espada; com uma outra, uma cabeça decepada. Sua língua, comumente da cor vermelha, pende como se estivesse a ansiar por sangue."

A essa altura o cristão estremeceu. Yogananda riu travessamente.

"Se imaginarmos que essa imagem descreve Kali da forma como ela é", prosseguiu ele, "eu poderia assegurar a você que a imagem haveria de despertar a devoção em muito poucos fiéis! Entretanto, o objetivo dessa imagem é descrever certas funções universais do Divino na Natureza.

"Kali representa a Mãe Natureza. Ela é *Aum*, a vibração cósmica. Em *Aum* existem todas as coisas – toda a matéria, toda a energia e os pensamentos de todos os seres conscientes. Daí a sua guirlanda de cabeças humanas, que significa que ela está presente, ainda que seja invisível, em todas as mentes.

"O jogo da vida e da morte expressa a atividade de Kali na Natureza: a criação, a preservação e a destruição – daí a espada, a cabeça e um terceiro braço estirado, a conceder a vida.

"A energia de Kali é onipresente; daí seus cabelos esvoaçantes, representando a energia.

"Shiva, o marido dela, representa Deus no Seu estado destituído de vibrações, além da criação. Desse modo, Ele é descrito como inativo.

"A língua de Kali não está protraída como que a indicar que ela esteja sedenta de sangue, como muitas pessoas acreditam, mas porque na Índia, quando uma pessoa comete um erro, essa pessoa põe a língua para fora da boca. No Ocidente, não exprimimos o embaraço de modo semelhante? Levamos a mão à boca.

"Kali é descrita como que a dançar em toda a criação. Essa dança representa o movimento da vibração cósmica, em que todas as coisas estão presentes. Quando o pé de Kali toca o peito do Infinito, contudo, ela põe a língua para fora, como se dissesse: 'Oh, oh, fui longe demais!'; pois, ao tocar o Espírito Infinito, toda vibração cessa.

"A quarta mão de Kali está erguida em sinal de bênção a quantos procuram, não as dádivas dela, mas a libertação da trama sem fim de *maya*, ou ilusão.

"Os que se sentem atraídos pelas manifestações exteriores da Natureza devem dar continuidade ao círculo sem fim da morte e da vida, encarnação após encarnação; contudo, os devotos que anseiam profundamente por se livrar da engrenagem do cosmos cultuam Deus no seu íntimo. Por meio da meditação, eles se integram no *Aum* infinito. E, a partir da integração com o *Aum*, eles vão além da criação a fim de unir sua consciência com Deus, com a intemporalidade e com a Bênção Eterna.

"As estátuas de Kali não visam retratar a aparência da Mãe Divina, mas simplesmente revelar as funções dela no aspecto de Mãe Natureza.

"A Mãe Divina é, evidentemente, isenta de forma, embora possamos também dizer que o corpo dela equivale ao universo inteiro, com a sua miríade de sóis e luas. A Mãe Divina também pode aparecer ao devoto numa forma humana. Quando ela assim faz, ela se mostra numa beleza sobre-humana.

"Todas as imagens de deuses na Índia são simbólicas. Devemos olhar para além das formas dessas imagens a fim de descobrir os sentidos ocultos que elas representam."

7

"Tenho dificuldade para visualizar Deus", queixou-se um estudante no Novo Pensamento Religioso. "Eu O tenho imaginado como a Inteligência Infinita, como o princípio do Eu Sou, como o meu Deus-Eu interior, como o Território Cósmico do Ser. Tudo parece tão abstrato! Mas a sua relação com o Senhor parece envolver tanto amor! Como posso chegar a esse relacionamento?"

"O primeiro passo", respondeu o Mestre, "é não imaginar que Ele quer as suas definições. Ele quer apenas o seu amor."

E Yogananda então sugeriu: "Por que não adorar o Infinito na forma da sua Mãe Divina?"

"Que ideia ótima!", exclamou o visitante. "Mas será que ela é uma ideia válida e verdadeira?"

"É claro que é!", respondeu Sri Yogananda, enfaticamente. "O amor de Deus já se encontra refletido nas relações entre os homens. O amor Dele, assim como a luz solar brilhando em incontáveis cacos de vidro, acha-se refletido em toda parte.

"O Infinito é a Mãe que está por trás de todas as mães humanas, e o verdadeiro Pai que está por trás de todos os pais humanos. Ele é o Amigo sempre leal que está por trás de todos os amigos terrenos. Ele é o eterno Bem-amado que está por trás de todo tipo de amor humano. Ele é todas as coisas para todos os homens porque, como você pode perceber, o Senhor é tudo.

"Por meio dos seus pais Ele zela por você, o ampara e protege. Através dos seus amigos, Ele mostra a você que o amor é algo que pode ser partilhado livremente, sem nada de compulsão. Por meio das pessoas queridas, Ele ajuda a descobrir a intensidade do amor divino, sempre generoso. Através dos filhos das pessoas, Ele ajuda a compreender o amor como uma coisa preciosa, que deve ser protegida das influências nocivas e alimentada com devoção.

"Inúmeras são as formas com que Deus se apresenta ao homem. Em cada uma, Ele procura ensinar ao homem um pouco da Sua infinita natureza. As lições estão aqui, a qualquer um cujo coração esteja aberto para as receber.

"Dessa forma, não é o Senhor que quer que você negue a sua natureza humana. Em vez disso, o que Ele quer é que você purifique essa natureza: desenvolva todo amor que venha a sentir no seu coração, e não o conserve limitado pelos apegos característicos do ego.

"Para um devoto, é natural, portanto, adorar a Deus em algum aspecto humano: na forma da Mãe Divina, por exemplo, ou na forma do Pai Celestial.

"Eu próprio reverencio o aspecto da Mãe Divina, sobretudo. Pois a Mãe está mais próxima do que o Pai. O aspecto de Pai que Deus assume representa a parte que está separada da Sua criação. A Mãe é a criação em si. Até mesmo entre os homens, o pai humano se mostra mais propenso do que a mãe a julgar os seus filhos desobedientes. A mãe sempre perdoa.

"Reze, portanto, para a Mãe Divina. Fale a Ela como se você fosse um filho: 'Mãe Divina, travesso ou bonzinho, eu sou o Teu filho. Tu *deves* me libertar desta ilusão.' A Mãe sempre reage com compaixão quando o devoto reza a ela com sinceridade, dessa forma.

"Evidentemente, no sentido mais elevado, Deus não é nenhuma das formas por meio das quais as pessoas o adoram. Mas é útil valer-se dos conceitos humanos como um meio de aprofundar nossa devoção para com Ele.

"Além da devoção encontra-se o amor divino. Nessa perfeição do amor há uma união completa. Nesse estado, o yogue compreende a verdade suprema: 'Eu sou Isto.'"

8

"Você não deveria ser tão pessoal no seu amor a Deus. Ser pessoal significa continuar limitado pela consciência do ego. Mas o amor por Ele deve levar a pessoa para além do ego. Se você imaginar Deus com uma forma, e até mesmo se você O contemplar extaticamente em visões, tente imaginar expressa nesses olhos a consciência do infinito.

"A Mãe Divina é tão bela! Mas não se esqueça: na sua manifestação superior, até mesmo essa beleza não tem forma. A Mãe Divina está presente em todas as coisas. Seu amor divino e misericordioso está expresso nos pingos da chuva. Sua beleza está refletida nas cores do arco-íris. Ela oferece à humanidade uma esperança renovada com as nuvens róseas que vemos na aurora.

"Acima de tudo, sempre tenha consciência da presença dEla no seu coração."

9

"Há duas maneiras de se abordar Deus na Natureza. Uma é separar o Senhor de todas as Suas manifestações. 'Neti, neti', é como se diz na Índia: 'Nem isso, nem aquilo.' Um pouco dessa consciência sempre deve existir, para que a pessoa não se sinta limitada no apego à forma.

"A outra maneira é contemplar o Senhor presente em toda parte.

"Por si mesmo, o primeiro modo talvez seja demasiado severo para a maioria dos devotos. A segunda maneira é muito mais agradável. Mas o melhor modo é combinar as duas formas.

"A Mãe Divina está ocupada com seus 'afazeres domésticos' relativos à criação. O devoto, que é um bebê, chora, e Ela lhe dá um brinquedo com que brincar – riquezas, talvez, ou nome e fama. Se ele grita novamente, Ela lhe dá um outro brinquedo; mas se o bebê põe fora todas as coisas e grita clamando apenas por amor, Ela o apanha nos braços no final e sussurra a ele, carinhosamente: 'Se você realmente quer apenas a mim, e não deseja as minhas dádivas, então venha. Fique comigo para sempre no meu colo, para que você conheça o Infinito.'"

10

"Acho difícil rezar a Deus pensando numa forma", disse um professor em visita. "Em vez disso, o que me inspira e a ideia de vastidão – de infinidade! Quando caminho à noite, as estrelas no alto, penso: 'Que maravilha!'; a verdade é muito vasta. Quão insignificante, nesses momentos, parece a minha vida, com os seus tolos aborrecimentos e aflições. Meu espírito paira no pensamento do espaço infinito, da eternidade!"

"Esses pensamentos deveriam ser alimentados por todos os que procuram Deus", respondeu Sri Yogananda. "Sempre, independentemente da forma que você Lhe dá para O adorar, a sua visão deveria se concentrar no infinito.

"Não é necessário conferir uma forma a Deus para poder pensar nEle. Isso depende da natureza da pessoa. Algumas pessoas têm mais fé numa realidade que não apresente forma, como é o seu caso. A devoção não deve ser confundida com o sentimento. Em vez disso, a devoção e a aspiração sincera do coração humano com respeito ao centro da verdade infinita."

11

Um visitante perguntou ao Mestre: "Por que, ao se referir a Deus, o senhor usa o pronome 'Ele'? Deus é realmente do gênero masculino?"

"Deus é tanto masculino como feminino", replicou Yogananda. "Ele tampouco é masculino ou feminino. Quando eu uso o pronome 'Ele', isso não tem o objetivo de limitar Deus.

"Porém, será que as pessoas seriam levadas a amar a Deus caso pensassem nEle como 'Isto'? O pronome sugere um Ser consciente, com quem as pessoas podem se relacionar individualmente. Além disso, o pronome masculino é também impessoal.

"Além do mais, os ocidentais estão acostumados a pensar em Deus como sendo o Pai, pois assim é como Jesus falou dEle."

12

"Há oito aspectos nos quais é possível ter a experiência de Deus: como Luz, Som, Paz, Calma, Amor, Alegria, Sabedoria e Poder.

"Vivenciá-Lo na forma de Luz durante a meditação transmite calma à nossa mente, e é algo que purifica-a e a torna clara. Quanto mais profundamente uma pessoa contempla a luz interior, mais essa pessoa percebe que todas as coisas se originaram dessa luz.

"Vivenciar Deus na forma de Som é comungar com o Espírito Santo, ou *Aum*, a Vibração Cósmica. Quando você está mergulhado no *Aum*, nada o pode afetar. O *Aum* faz com que a mente esteja acima das ilusões da existência humana, na atmosfera pura da consciência divina.

"A Paz é uma antiga experiência de meditação. A paz, assim como uma pequena cascata, purifica a mente de toda ansiedade e de toda preocupação, proporcionando um alívio celestial.

"A Calma é mais uma experiência divina. Esse aspecto de Deus é mais dinâmico e mais poderoso do que o da Paz. A Calma dá ao devoto o poder de vencer todos os obstáculos da vida. Até mesmo nos afazeres humanos a pessoa capaz de se manter calma em todas as circunstâncias é uma pessoa invencível.

"O Amor é mais um aspecto de Deus – não o amor pessoal, mas o Amor infinito. Os que vivem na consciência do ego pensam no amor impessoal como uma coisa fria e abstrata. Mas o amor divino a tudo absorve e consola infinitamente. Ele é impessoal apenas no sentido de que se mantém totalmente preservado dos desejos egoístas. A unidade que uma pessoa encontra no amor divino só é possível para a alma. Esse amor não pode ser sentido pelo ego.

"A Alegria é um outro aspecto de Deus. A Alegria divina assemelha-se a milhões de alegrias terrenas presentes numa só Alegria. A busca da felicidade humana é como procurar à volta uma candeia enquanto se está sentado ao sol. A Alegria divina nos envolve eternamente; no entanto, as pessoas continuam à procura de coisas tolas para serem felizes. Na maior parte, tudo o que encontram é o alivio para o seu sofrimento emocional e físico. Mas a Alegria divina é a Realidade resplandecente. Diante dela, as alegrias terrenas são apenas sombras.

"A Sabedoria é a percepção intuitiva, não a compreensão intelectual. A diferença entre a Sabedoria humana e a divina é a de que a mente do homem chega às coisas por via indireta, de fora. O cientista, por exemplo, investiga o átomo objetivamente. Mas o yogue *torna-*

-*se* o átomo. A percepção divina vem sempre de dentro. Somente assim é possível compreender uma coisa na sua verdadeira essência.

"Por fim, o Poder é o aspecto de Deus que cria e governa o universo. Imagine quanto poder foi necessário para dar origem às galáxias! Os mestres manifestam um pouco desse poder na vida deles. A expressão 'Meigo Jesus, doce e pacífico' descreve apenas um lado da natureza de Jesus. O outro lado foi revelado na força com que Ele expulsou os vendilhões do Templo. Imagine só que 'magnetismo' foi preciso para dar combate sozinho a todos aqueles homens, entrincheirados que estavam nos hábitos e nos desejos que haviam sido sancionados por práticas antigas!

"Às vezes, as pessoas ficam apavoradas com o Poder que veem expresso na vida dos santos. Mas lembre-se: você só encontrará Deus quando for uma pessoa muito forte. O Poder talvez exerça na sua mente um apelo menor do que o de outros aspectos de Deus, mas é importante compreender que o Poder divino também faz parte da sua natureza divina.

"Independentemente do aspecto de Deus que você venha a conhecer na meditação, jamais o conserve no pequenino cálice da sua consciência, mas tente sempre expandir essa experiência até o infinito."

13

"Não seja formal com Deus. Brinque com Ele. Pregue-Lhe peças. Passe-Lhe uma carraspana se sentir vontade de fazê-lo – mas sempre com amor. Lembre-se: Ele é tudo aquilo que o seu verdadeiro ser é. Ele é o Que Está Mais Próximo, O Que É Mais Caro. Ele está mais perto de você do que os próprios pensamentos com que você faz orações a Ele."

Capítulo 17

COMO REZAR COM EFICIÊNCIA

◼

1

"Quando você rezar a Deus, reze do fundo do seu coração. Diga o que você realmente sente, não o que você pensa que Ele quer que você diga ou sinta. Seja totalmente sincero com Ele. De qualquer forma, Ele sabe o que você esta pensando! Porém, a prece sincera transmite poder aos seus pensamentos. Ela os concentra em Deus. Sem sinceridade, essa concentração não existiria.

"Se você não sente nenhuma devoção, reze para Ele usando estas palavras: 'Senhor, ajuda-me a amar-Te.'

"Se o seu coração está inquieto devido aos seus desejos, reze a Ele usando estas palavras: 'Senhor, eu sinto esses desejos, mas eu quero a Ti mais do que a qualquer coisa. Ajuda-me a acabar com toda limitação no Teu grande oceano de paz.'

"É perfeitamente correto rezar a Deus pelas coisas. Contudo, é ainda melhor pedir que a Sua vontade seja feita na nossa vida. Ele conhece as coisas de que você necessita, e haverá de fazer muito mais por você do que aquilo que você imaginou para si próprio.

"Acima de tudo, procure-O por Ele mesmo, por causa do Seu amor. Reze a Ele com estas palavras: 'Pai, revela-Te a Ti Mesmo!' Se você O chamar assim, com sinceridade, Ele sempre estará com você."

2

"Jamais reze assumindo a atitude de um mendigo. Você é filho de Deus. Como tal, tem direitos quanto ao tesouro de Sua fonte de infinitas dádivas.

"Reze acreditando piamente que Ele o está ouvindo. Pois Ele de fato haverá de escutá-lo, se você rezar com amor. Reze do fundo do seu coração, intensamente.

"Faça exigências a Ele de maneira afável; jamais implore. Por *exigência* não entendo que você deva impor a Ele a sua vontade, como que a antecipar a Sua relutância no sentido de satisfazer as suas vontades. Por exigência entendo, sim, rezar com a convicção inabalável de que Ele *quer* dar-lhe aquilo de que você necessita, e de que Ele *fará* isso.

"Jesus expressou isso desta forma: 'Reze acreditando.'*

"Fé irrestrita e amor: são esses os mais importantes elementos da oração."

3

"Reze a Deus desta forma:

"'Meu Bem-amado infinito. Eu sei que estás mais próximo de mim do que estas palavras com que rezo; estás mais perto do que os meus pensamentos mais íntimos.

"'Por trás dos meus sentimentos de inquietação, que eu sinta o Teu zelo com respeito a mim, e o Teu amor.

"'Por trás da minha percepção, que eu me sinta apoiado e orientado pela Tua consciência.

"'Por trás do meu amor por Ti, que eu me torne cada vez mais consciente do Teu amor.'

---

* "Tudo o que pedirdes com fé, na oração, vós o alcançareis." (Mateus 21:22)

"Se você rezar a Ele continuamente dessa forma, e com sinceridade, você sentirá a Sua presença de repente, na forma de uma grande alegria no seu coração. Nessa alegria, que irromperá, você saberá que Ele está com você, e que Ele é você mesmo."

4

"Reze com êxtase. Medite com êxtase. E sempre que tiver tempo, pense em Deus.

"Seja como a agulha da bússola que, independentemente da direção em que esteja voltada, sempre indica o Norte. É assim que age o yogue: independentemente do lugar para onde vá, e do que faça, sua mente sempre indica a estrela polar da presença de Deus dentro de si."

5

"De que modo você deveria amar a Deus? Ame-O assim como o avaro ama o dinheiro; ame-O como o homem que se afoga anseia pelo ar; ame-O como o andarilho implora água no deserto. Ame-O com o amor essencial dos amantes.

"Quando você tiver aprendido a amá-Lo do fundo do seu coração, você O terá. Você será, então, um yogue – alguém que está unido com Deus.

"A união com o Bem-amado Cósmico é a experiência mais agradável que existe. Trata-se de um sonho após outro, de uma alegria depois da outra; milhões de romances divinos num só, sempre a emocionar você. Em cada ponto do espaço você contempla faróis do amor de Deus, brilhando como milhões de sóis. Toda vez que você imagina ter esgotado o Seu amor, repetidas vezes, como uma onda que tivesse quebrado, esse amor se renova nas praias da sua mente.

"*Isto* é êxtase!"

6

"Deus atende a todas as preces, mas atende pouco às preces das pessoas atormentadas.

"Se você tentar dar a alguém alguma coisa que não pertence a você, o seu presente não significará muito para essa pessoa, significará? Por mais tocante que seja o gesto, faltar-lhe-á substância!

"O mesmo se pode dizer do momento em que você se encontra fora de si. Você talvez queira orar a Deus, mas você não pode. Suas preces são apenas um gesto.

"Controle a sua mente. Quando puder orar com concentração, o Senhor saberá que você tem consciência do que está dizendo. Ele o atenderá, depois, de modo maravilhoso."

7

Um dos novos monges deixou que o fervor espiritual dele se apossasse e o fizesse passar por crises emocionais durante a meditação. Alguns dos outros discípulos o preveniram sobre excessos na sua devoção. Certo dia, em frente dos demais, esse monge passou ao Mestre um pedaço de papel perguntando-lhe se era correto rezar com tanto fervor.

"É absolutamente correto!", replicou Yogananda. "Role pelo chão à noite, e clame a Deus para que Ele venha em seu auxílio. É preciso ansiar por Ele, ou Ele jamais haverá de se manifestar."

8

Ao mesmo tempo, o Mestre alertava: "Jamais reze esperando um efeito exterior. Se você rezar dessa forma, perder-se-á o verdadeiro propósito da oração.

"Entre os devotos, é um erro comum procurar impressionar os demais dando mostras da devoção para com Deus. Em vez disso, eles deveriam se empenhar em impressionar o Senhor!

"Eis o perigo de se rezar em voz alta; a não ser que se pratique isso para aumentar o fervor da devoção que uma pessoa sente. Independentemente de quão maravilhosa seja a compreensão espiritual, ela perde em intensidade quando se manifesta exteriormente. Sua ânsia por Deus deveria ser expressa sobretudo no silêncio interior."

9

"'Louva o Senhor!'; sempre que ouço essa expressão penso em Deus como uma senhora rica e mimada.

"Ele não quer o nosso louvor. Ele quer o nosso amor."

10

"Deveria alguém agradecer a Deus pelas Suas dádivas?", perguntou um estudante.

"Agradeça a Ele, de preferência, pelo amor que nos dedica", respondeu o Mestre.

Capítulo 18

SOBRE A MEDITAÇÃO

◼

1

"A alma adora meditar, pois, em contato com o Espírito, encontra sua maior alegria. Lembre-se disso, sempre que você deparar com algum obstáculo mental durante a meditação. A relutância em meditar provém do ego. Ela não pertence à alma."

2

"O devoto que faz o esforço supremo é o devoto que encontra Deus. Não o que sempre procura uma desculpa, dizendo: 'Preciso encontrar um lugar tranquilo; só então poderei meditar.' O procrastinador jamais alcançará Deus. Mas se você disser a si próprio: 'Vou meditar profundamente agora!', você alcançará o seu objetivo num segundo.

"Quando uma pessoa está realmente com sono, não é possível que cochile em qualquer lugar? O mesmo se dá com a pessoa que ama a Deus; essa pessoa é capaz de meditar até mesmo numa estação de trem ou dentro de um mercado."

3

"Quem quer ser um pianista de concerto haverá de praticar no piano doze horas por dia. Se, em vez disso, a prática dessa pessoa consiste em tocar as teclas do piano desanimadamente alguns minutos por dia, essa pessoa jamais será um bom pianista.

"O mesmo se dá com a busca de Deus. De que modo você espera encontrá-Lo se você tenta isso muito pouco?

"É muito difícil alcançar Deus. Se até mesmo um concertista deve trabalhar duro para obter êxito na sua profissão, imagine quanta aplicação deve ter o devoto na sua meditação a fim de compreender o Infinito!

"Entretanto, eis aqui um pensamento animador: todos os que se esforçam com sinceridade na senda espiritual certamente alcançarão o seu objetivo. O mesmo não se pode dizer das ambições materialistas. Não é qualquer um que pode se tornar um pianista famoso, independentemente dos seus esforços. Pois em toda área há, nos patamares mais elevados, espaço para bem poucos. Entretanto, todos os homens podem igualmente reivindicar sua qualidade de filhos diante do Pai Celestial."

4

"Meditar por pouco tempo mas profundamente é melhor do que meditar muitas horas com a mente agitada.

"No começo, portanto, não se obrigue a se sentar em meditação por muito tempo. Empenhe-se no sentido de realizar meditações breves, mas profundas. Depois, aos poucos, à proporção que você for se acostumando a meditar com profundidade, dilate o período de meditação."

5

"Não se sinta mal se você perceber que está muito inquieto para meditar profundamente. A calma virá com o tempo, se você praticar regularmente. Jamais aceite a ideia de que você não foi feito para meditar. Lembre-se: a calma é a sua natureza eterna e verdadeira."

6

"Na meditação, tente ir além do pensamento. Enquanto os pensamentos surgirem na sua cabeça, você ainda está no nível consciente.

"Ao sonhar, você está no subconsciente; depois disso, você se torna mais perceptivo no corpo astral.

"Quando sua consciência se recolhe ainda mais profundamente, até a superconsciência, então, você está concentrado na bênção, na espinha. Nesse estado de bem-aventurança, você está consciente no corpo causal, a alma."

7

Um devoto estava tendo dificuldade em continuar acordado durante a meditação. Yogananda fez a seguinte sugestão a ele: "Cerre os olhos várias vezes, e depois fique de olhos arregalados, fixando o olhar adiante. Repita essa prática uma ou duas vezes mais. Se fizer isso, o sono deixará de perturbá-lo."

8

"Enquanto estiver meditando, não se concentre nas consequências da meditação. Em vez disso, medite para agradar a Deus. Se buscar resultados, você ficará desapontado caso eles não venham.

"No *Bhagavad Gita*, Krishna aconselha a ação sem o desejo para as consequências da ação. A meditação, também, deveria ser abordada dentro desse espírito.

"Medite sem o apego aos resultados da meditação."

9

Um discípulo estava cavando uma fossa sanitária no retiro do Mestre. Ele continuou cavando todo o dia, sem fazer uma pausa para ver o quanto tinha avançado. À noite, para seu espanto, descobriu que cavara um buraco fundo demais.

Quando Paramhansa Yogananda viu o que ele havia feito, o Mestre disse em tom de aprovação: "Eis como o devoto deve buscar a Deus – cavando, cavando continuamente, sem esperar ver o quanto avançou. Então, certo dia, de repente, ele perceberá onde está!

"Como Lahiri Mahasaya costumava dizer aos seus discípulos: '*Banat, banat, ban jai!* – trabalhando, trabalhando, no final a tarefa estará feita!"

10

"Não espere um florescimento espiritual todo dia no jardim da sua vida. Se você se entregar a Ele totalmente, tenha fé em que o Senhor haverá de lhe dar a divina satisfação no tempo por Ele determinado, que é o momento certo.

"Tendo plantado a semente da aspiração de Deus, regue-a diariamente com orações e com bons atos. Arranque da sua mente a erva daninha da letargia, da dúvida e da indecisao. Quando os botões da percepção divina aparecerem, tome conta deles com carinho.

"Uma manhã, você contemplará a mais bela flor da autorrealização, que terá desabrochado totalmente."

11

"Por que não consigo ter as visões que o senhor tem, Mestre?", perguntou uma discípula, desapontada consigo própria.

"É a perturbação do karma passado, que cria ondas ocultas de inquietação no fundo do seu subconsciente. Quando o karma for melhorado, sua visão interior haverá de se aclarar."

12

"Onde o movimento acaba", disse o Mestre, "Deus começa."

13

Um discípulo estava tendo dificuldades para meditar. Ele perguntou a Sri Yogananda: "Será que eu não estou tentando o suficiente?"

O Mestre respondeu: "Você está se empenhando demais. Está usando muita energia. Isso o deixa nervoso. Fique descontraído e aja com naturalidade.

"Enquanto *tentar* meditar, você não será capaz de fazer isso, da mesma forma que você não consegue dormir enquanto você *quer* dormir. A força de vontade deverá ser usada aos poucos. De outro modo, ela pode tornar-se prejudicial. Eis por que é melhor, no começo, dar ênfase ao relaxamento."

14

"Não fique inquieto nem impaciente nos seus esforços de encontrar Deus. Seja dedicado, mas não ansioso sobre obter os resultados. Seja paciente. Avance rumo à sua meta divina sempre calmamente, com tranquilidade."

15

"Medite cada vez mais profundamente, até que a calma e a alegria se tornem uma segunda natureza para você.

"Entrar em êxtase não é difícil. *Pensar* que isso é difícil é o que impede você de alcançar o seu objetivo. Jamais pense que a alegria está longe de você; fazendo isso, ela estará sempre com você."

16

Paramhansa Yogananda falou aos monges: "Decorem o meu poema, *Samadhi*, e repitam-no diariamente. Ele ajudará a despertar dentro de vocês aquela lembrança perdida do que vocês são na realidade: filhos do Infinito."

17

"Imagine a sua consciência se expandindo como uma luz azul, abrangendo todo o espaço. Imagine os astros e as galáxias brilhando como luzes de uma cidade distante na infinitude do seu ser. Medite sobre a vastidão que há dentro de você.

"Você descobrirá nessa visualização um complemento importante para as técnicas de meditação. Esse complemento o ajudará a se lembrar da sua divina natureza interior."

18

"Ao sair de casa, tente sentir que todas as coisas ao seu redor fazem parte da sua própria percepção desenvolvida.

"Observe as folhas balançando nas árvores e tente captar-lhes o movimento. Imagine nesse movimento que Deus está expressando Seus pensamentos e inspirações.

"Observe a grama dos prados à medida que ondula ao vento. Imagine a brisa como o hálito de Deus soprando sobre o mundo, inspirando todos os seres e dando-lhes a vida.

"Ouça os pássaros cantando. Imagine que Deus, mediante o canto dos pássaros, está tentando chegar até você por meio dessa sensação de satisfação divina.

"Esteja consciente dos raios do sol na sua pele. Pense no calor que você sente como se ele fosse a energia de Deus. Permita que ele encha o seu corpo com vitalidade e força. Imagine a energia divina dando força às criaturas em todos os cantos da terra por meio da luz solar."

19

"Mestre", disse um discípulo, "tenho medo de ficar sem ar durante a meditação. O que posso fazer para vencer essa limitação?"

"O que você tem diante de si é um obstáculo normal no seu caminho", Yogananda respondeu. "'Ideia enganosa', é como se chama. Você está com medo de algo que, para a sua alma, é perfeitamente natural: a profunda tranquilidade interior.

"Sua mente é como uma ave que esteve presa numa gaiola durante muitos anos. Ela tem medo da liberdade. No entanto, a liberdade é seu direito inato.

"Alguém abre a porta para deixar a ave sair. Ela pode dar alguns pulinhos e voar para fora a uma curta distância, mas, de repente, ela pensa: 'Oh, o mundo é grande demais!'; assombrada, ela volta depressa para dentro da gaiola.

"Aos poucos, depois de repetidas investidas, a ave se acostuma a estar do lado de fora da gaiola. Finalmente, certo dia, ela abre as asas e voa para o céu, livre! E por que livre? É muito simples: porque ela finalmente aceitou a liberdade como o seu estado natural.

"O mesmo se dá com o devoto no momento em que ele conhece a liberdade da alma. Mas lembre-se: assim como é natural para a ave voar para o céu, também é natural para a alma pairar na onipresença."

20

"Logo atrás da escuridão que há quando estamos com os olhos fechados, brilha a luz de Deus. Quando você contemplar essa luz em meditação, faça isso com zelo e devoção. Imagine que você está dentro dela: esse ponto é onde Deus habita.

"Se, por outro lado, você não contempla nenhuma luz durante a meditação, concentre-se no ponto entre as sobrancelhas e olhe fixamente a escuridão que você vê quando está com os olhos fechados. Por meio da sua devoção, tente romper esse véu espesso.

"Com o tempo, você decerto contemplará a luz interior, pois ela está sempre lá, a reluzir na sua fronte. Assim como todos os seres humanos têm olhos, assim também todos têm esse olho espiritual na fronte. Ele aguarda apenas ser descoberto na profunda concentração interior."

21

"Uma espinha arqueada é o inimigo da realização. Na meditação, mantenha sempre a espinha ereta, a fim de que a força vital possa fluir através dela sem encontrar obstáculos.

"Em seguida, concentre sua atenção no centro de Cristo, entre as sobrancelhas. Quanto mais você se concentra nesse ponto, mais você percebe o seu ego desaparecendo na superconsciência."

22

"Se você quer ser um mestre na sua vida", disse Yogananda a um discípulo, "então, juntamente com as suas outras praticas de meditação, se exercite no *Hong-Sau** pelo menos duas horas por dia.

"Quando eu era um garoto, costumava praticar o *Hong-Sau* algumas vezes, sete horas por dia, até que cheguei ao estado de êxtase, em que a respiração era desnecessária."

---

* Uma técnica de Yoga ensinada pelo Mestre.

23

"Pratique Kriya-Yoga* de modo tão profundo que a respiração passe a ser a sua mente. Pois a respiração é apenas um sonho comum, do qual você despertará um dia na superconsciência."

24

"Se você comer a sua comida e depois sair correndo, você não será capaz de usufruir o que comeu; é possível que você tenha apenas uma indigestão. Porém, se você repousar depois de ter-se alimentado, perceberá que esse é o melhor momento para usufruir os efeitos da sua alimentação.

"Faça a mesma coisa depois de terminar o Kriya-Yoga. Não dê um pulo imediatamente, mas sente-se calmamente por um longo tempo – enquanto você puder ficar assim confortavelmente. Reze a Deus profundamente. Pratique o *Bhakti-Yoga*, ou a devoção. Ou observe o fluxo da respiração na espinha enquanto pratica o *Hong-Sau*. Ou ouça os ruídos interiores com os ouvidos abertos."

25

Um discípulo perguntou: "Como é possível desenvolver a intuição?"

Yogananda: "Sempre que você meditar, a melhor maneira é se sentar calmamente por longo tempo depois de se exercitar nas técnicas. É durante esse período que você será capaz de aprofundar a percep-

---
* Ver capítulo Treze, "A Estrada para o Infinito".

ção que tem da presença de Deus dentro de você. Aprofunde-se cada vez mais na satisfação dessa presença.

"Quanto mais você desfruta da paz interior, mais rapidamente você desenvolve a sua intuição."

26

Certa vez, depois de meditar no seu retiro solitário, Yogananda disse aos discípulos que estavam presentes: "Esse é o reino do OM.* Ouçam! Não basta simplesmente escutar o OM. Vocês têm de mergulhar nesse som interior.

"OM é a Mãe Divina. OM Kali! OM Kali! OM Kali! Ouçam: Oh, como isto é belo! OM Kali! OM Kalil! OM Kali!"

---

* *Aum*, a vibração cósmica. OM é a pronuncia alternativa. Neste livro, geralmente adotei a primeira pronúncia, por ser mais correta. Contudo, na frase em questão, o Mestre pronunciava esse som na forma de um canto. Portanto, adotei OM para dar ao leitor uma indicação mais clara de como a palavra deveria ser pronunciada. (N. do Org.)

Capítulo 19

O CONSELHO GERAL

◼

"Viva neste mundo como um convidado. O seu verdadeiro mundo não é aqui. A escritura da casa em que você vive talvez leve o seu nome, mas a quem ela pertenceu antes de você a adquirir? E de quem ela será depois que você morrer? A casa é apenas uma hospedaria à beira da estrada, uma parada na longa estrada que leva até o seu lar em Deus.

"Portanto, pense em você mesmo como um convidado na Terra. Evidentemente, enquanto estiver aqui, tente ser um bom convidado. Comporte-se da melhor maneira possível. Seja responsável. Zele pelas coisas que Deus lhe deu; entretanto, nem por um momento se esqueça de que essas coisas pertencem a Ele, não a você.

"Como as pessoas são tolas dedicando o seu tempo a cuidar do corpo, a entesourar riquezas, a acumular mais bens! Quando a morte as arrebatar, elas não haverão de deixar coisa nenhuma.

"As pessoas dão desculpas constantemente. 'Não tenho tempo para meditar', elas dizem. 'Tenho de cumprir os meus compromissos.' Bem, quando Deus as chamar, elas terão de faltar com todos os seus compromissos! A morte é um 'compromisso' que elas não podem cancelar.

"Por que perder tanto tempo com coisas efêmeras? Ó cegos: despertai!

"De um lugar além dos pequenos prazeres da vida, Deus chama você. Ele assim o faz estando além da dor, irmã gêmea do prazer. 'Procure-me', Ele diz. 'Descubra em mim a alegria eterna que você tem procurado durante tanto tempo nas ondas das mudanças. Tudo o que você esperou durante encarnações seguidas você haverá de encontrar para sempre apenas em Mim.'"

2

"Procure pensar sempre que você não pertence a ninguém, e que ninguém pertence a você. Você está neste mundo por pouco tempo, e o real motivo de você estar aqui é muito diferente do que você imaginou.

"Sua família afirma que você pertence a ela, porém, se você morrer e renascer na casa do seu vizinho, será que a sua família o reconhecerá?

"Seus conhecidos afirmam que você é amigo deles; porém, se você deixar de agradar-lhes de alguma forma, ainda que seja devido a algum equívoco corriqueiro, quantos deles continuarão leais a você?

"As pessoas dizem que amam os demais, mas de fato amam a si mesmas. Pois amam os outros na medida em que os outros lhes agradam.

"O verdadeiro amor é aquele que encontra a felicidade, ainda que ao preço de um grande sacrifício pessoal, na felicidade da pessoa amada. Quantas pessoas são capazes de amar dessa forma? Muito poucas! E, dentre essas poucas, quantos encontram reciprocidade no seu amor? O número dessas pessoas é menor ainda.

"Apenas o nosso amor por Deus é sempre retribuído inteiramente – na verdade, muito mais do que retribuído. Pois Deus nos compreende quando todos nos interpretam mal. Deus nos ama quando os outros voltam as costas para nós. Deus se lembra de nós quando todos nos esquecem. Nós pertencemos a Deus, e só a Ele, por toda a eternidade."

3

"Uma boa norma para seguir na vida é ter consciência do 'outro'. Eis o que quero dizer com isso:

"Independentemente do que você contempla, tente estar consciente dessa 'outra' realidade maior que está por trás do que você vê.

"Independentemente da pessoa com quem você fala, tenha consciência de que ela é uma 'outra' pessoa, que se comunica com você por meio de palavras e gestos.

"Independentemente do trabalho que você esteja fazendo, procure sentir essa 'outra' Presença perto de você, observando-o, orientando-o e dando-lhe apoio.

"Ao olhar nos olhos das outras pessoas, procure ver Deus ali, tocando você por meio da consciência dessas pessoas.

"Diante de qualquer situação na sua vida, procure observar o curso dos acontecimentos. Pergunte a si mesmo: 'O que Deus está tentando me ensinar com esta experiência?'"

4

"Independentemente do que aconteça, encare a vida sem ter apego a coisa nenhuma.

"Considere o exemplo das pessoas que vão assistir filmes. Quanto mais suspense houver no enredo, com mais probabilidade essas pessoas sairão do cinema dizendo: 'Que grande filme!' Se o enredo for o de uma tragédia, essas pessoas talvez pensem: 'Fiquei satisfeito. Aprendi bastante com essa história.' Se o herói se envolver em situações embaraçosas, é possível que as pessoas riam das confusões que esse mesmo herói arrumou.

"No entanto, posteriormente, quando essas pessoas se virem numa situação embaraçosa, haverão de ser capazes de rir do lado engraçado dessa situação? E, se passarem por uma situação trágica, por acaso ficarão satisfeitas com as lições que receberam? Certamente não, a maioria dessas pessoas. A filosofia de vida que lhes é peculiar pode ser entendida a partir da expressão popular: 'Antes ele do que eu!'

"Interiormente, mantenha-se ao largo de tudo o que se passa na sua vida. Dessa forma, aos poucos você haverá de se libertar da identificação com esse mundo de sonhos, e haverá de se tornar consciente da sua unidade com Aquele que Sonha."

5

"Se quiser fugir ao jugo do ego, aprenda a ser mais impessoal no que tange aos seus sentimentos. O amor por Deus muito facilmente se torna pessoal no sentido humano. Quando assim acontece, você dá ênfase justamente ao ego que você precisa transcender para achar Deus.

"Portanto, é melhor procurar Deus para a bênção, primeiramente, e só em segundo lugar para o amor, a fim de que o seu amor por Ele não perca essa qualidade impessoal que é a essência do amor divino.

"Radha era uma grande seguidora de Krishna; porém, certa vez, por pouco tempo ela teve ilusões quanto ao amor pessoal. Passou-lhe pela cabeça que Krishna lhe pertencia totalmente. Pouco depois, ambos estavam caminhando juntos pela floresta. Radha falou: 'Estou muito cansada.'

"'Oh?', respondeu Krishna. 'Você gostaria que eu a carregasse nos braços?' Ela ficou muito contente. Krishna a ergueu e a colocou no ombro. Logo a seguir, enquanto pensava em quão agradável era ser carregada por ele, ela percebeu que estava no chão. Krishna desaparecera no ar!

"Enquanto conservasse essa atitude de possessividade, ele não poderia mais existir para ela.

"Compreendendo imediatamente o erro que cometera, Radha ajoelhou-se no chão e orou: 'Senhor, suplico o seu perdão.'

"Como se nada tivesse acontecido, Krishna reapareceu. E juntos continuaram sua caminhada pela floresta."

6

"Os que amam as outras pessoas sem egoísmo já estão em vias de aprender o segredo da devoção divina. Tudo aquilo de que necessitam é dirigir esse amor para o alto, para Deus.

"Radha foi a maior das gopis.* Krishna se sentia à vontade, portanto, para demonstrar o amor generoso e divino por ela, embora, na verdade, dedicasse esse amor a todos igualmente.

"Houve uma época em que as outras gopis invejaram Radha. Krishna decidiu dar às invejosas uma lição.

"Certa vez, aconteceu que Radha estava ausente, mas todas as outras gopis estavam reunidas ao redor de Krishna. De repente, com um gemido, ele gritou: 'Oh, oh! Sinto uma dor de cabeça terrível! Por favor, alguém poderia fazer algo por mim?'

"'O que, Senhor?', gritaram elas, em desespero. 'Se podemos fazer algo? Faremos qualquer coisa para o ajudar!'

"'Basta que alguma dentre vocês ponha o pé em cima da minha cabeça; isso fará com que a minha dor de cabeça passe.'

"As gopis ficaram boquiabertas: na Índia, colocar o pé na cabeça de alguém mais velho é considerado um ato de desrespeito. Colocar o pé na cabeça do guru é um sacrilégio. Muito tristes, as gopis desviaram o olhar. Nenhuma delas ousava oferecer seus serviços.

---

* Ver nota de rodapé, p. 99.

"Durante todo esse tempo, a dor de cabeça de Krishna piorava.

"Passado algum tempo, Radha apareceu; tomara conhecimento do problema de Krishna. 'O que posso fazer para ajudar, Senhor?', perguntou ela, ansiosamente, do modo como as outras haviam feito antes.

"'Por favor, ponha o pé na minha cabeça!', pediu Krishna. 'Só isso poderá me ajudar.'

"'É claro, Senhor. Sem demora!', respondeu Radha.

"'Não! Não! Você não deve fazer isso!', gritaram as outras gopis.

"'E por que não?', perguntou Radha.

"'Se você fizer isso', elas a advertiram, 'você irá para o inferno!

"'Então é isso o que está aborrecendo vocês?', disse Radha, em tom de zombaria. 'Se o fato de eu pressionar com o meu pé a cabeça do Senhor haverá de proporcionar a Ele momentos de alívio, irei para o inferno de bom grado, por toda a eternidade!'

"Ela estava prestes a agir dessa forma quando Krishna pôs-se de pé e sorriu. A dor de cabeça passara.

"Então, as outras gopis entenderam. Elas haviam estado preocupadas com a própria segurança, e não com o bem-estar de Krishna. Nesse momento, todas se curvaram diante do amor de Radha, superior, por não ser egoísta."

7

Um visitante perguntou a Paramhansa Yogananda: "A renúncia é necessária para a senda espiritual?"

"Sim!", disse o Mestre, enfaticamente. "Casada ou solteira, a pessoa sempre deveria sentir no seu coração que Deus é o seu único e verdadeiro Bem-amado, e que só Ele reside no templo de todos os corações humanos.

"A renúncia significa, sobretudo, desapego. Não importa o seu modo de viver; importa, sim, a sua vida interior.

"Faça do seu coração uma ermida, como estou acostumado a dizer, e que a sua túnica seja o amor que você sente por Deus."

8

"Jamais pense que você é senhor de alguma coisa. Sempre que vejo alguém precisar de algo meu mais do que eu, de bom grado eu dou à pessoa o que ela precisa."

9

"Se você quer sentir a orientação de Deus na sua vida, não perca tempo desperdiçando conversa com os outros. O silêncio é o altar do Espírito."

10

"Quando você está em companhia dos outros, procure mostrar-se íntegro; porém, quando está a sós, fique sozinho com Deus. Passe ainda mais tempo com Ele."

11

"O isolamento é o preço da grandeza."

12

"Escolher os amigos é algo importante. Se você deixar o seu casaco num recinto onde as pessoas estão fumando, em pouco tempo o casaco recenderá a fumaça de cigarro. Se você deixar esse casaco, posteriormente, ao ar livre, no jardim, quando você voltar com ele para dentro de casa, perceberá nele a fragrância do ar puro e das flores.

"O mesmo se dá com a mente. As vestes dos seus pensamentos absorvem as vibrações daqueles com quem você se envolve. Se você travar contato com pessimistas, em pouco tempo você haverá de se tornar um pessimista. Se andar em companhia de pessoas alegres e felizes, a sua natureza será alegre e feliz.

"O ambiente é mais forte do que a força de vontade. Misturar-se com pessoas materialistas sem pelo menos absorver um pouco do materialismo delas requer grande força espiritual.

"Os que se iniciam na senda espiritual deveriam ter muito cuidado quanto aos companheiros que escolhem. Esses iniciantes deveriam fazer amizade com outros devotos, e não tentar envolver-se com pessoas materialistas, voltadas para o ego. Os iniciantes deveriam principalmente evitar as pessoas negativas, mesmo que essas pessoas sejam devotas.

"Tornar-se um santo ou um pecador depende em grande parte das companhias de cada um."

13

"É melhor viver no inferno em companhia de um sábio do que no céu na companhia de dez loucos."

14

"A nata do leite transforma-se em manteiga, e flutua na água; contudo, o leite se mistura com a água e é diluído por ela.

"Ainda assim, quando a mente se transformou na 'manteiga' da autorrealização, ela não é mais afetada pelas influências materialistas. Entretanto, o devoto comum deve escolher suas companhias cuidadosamente. Se possível, ele deverá evitar os ambientes incompatíveis com a sua busca interior de Deus."

15

"A vida fará com que você passe por muitas vicissitudes. Se você permitir que os seus sentimentos acompanhem o movimento ascendente e descendente das ondas das circunstâncias, você jamais alcançará essa calma interior, fundamento do progresso espiritual. Portanto, seja prudente no que diz respeito a não reagir emotivamente. Fique acima do que você gosta e do que você não gosta.

"Uma boa sugestão de que deve se lembrar pela vida, e que haverá de fazer com que você se saia bem de muitas provações na sua vida, é a seguinte: nas mais variadas circunstâncias, mantenha-se *sereno e feliz*."

16

"Sempre que vir algum defeito nos outros, e ficar perturbado com isso, lembre-se: o problema está em você. Quando você sabe que está certo intimamente, todas as coisas estão certas, pois você as vê como fazendo parte de Deus. Então, você as aceita do modo como são, sem fazer críticas, e olha com simpatia e bondade para todas as pessoas, independentemente de quão tolas elas sejam."

17

Certa discípula estava propensa à melancolia. "Se você quiser ser triste", o Mestre disse a ela, "ninguém no mundo fará com que seja feliz. Mas se você se condicionar para ser feliz, ninguém e nada neste mundo poderá tirar de você essa felicidade."

18

"Você não pode amar a Deus e ao mesmo tempo ser rude com as pessoas que estão à sua volta. Você não pode amar a Deus e se sentir cheio de ódio. O modo como você se comporta com relação aos outros reflete sua consciência interior e a condiciona."

19

"Nunca imagine que pode conquistar o amor de Deus se você é incapaz de conquistar o amor dos seus semelhantes. Da mesma forma que você O ama, assim também deveria amá-Lo em todas as pessoas."

20

"Não avalie o seu progresso interior a partir do que os outros pensam a seu respeito, a não ser que você tenha certeza de que o discernimento dessas pessoas é digno de confiança. Pois as pessoas não raro elogiam ou criticam os outros indevidamente. Elas gostam de uma coisa se essa coisa serve para confirmar a opinião que elas têm, por mais errônea que seja; e não gostam de uma coisa se essa coisa representa uma ameaça à sua opinião.

"Aceite com serenidade tanto o elogio como a crítica.

"Se, contudo, tiver de escolher um dos dois, escolha, então, a crítica.

"Na Índia, havia um santo cujas reuniões noturnas com os discípulos eram por vezes perturbadas por um vizinho cético, que fazia questão de encontrar defeitos em tudo o que o santo dizia ou fazia. Os discípulos continuavam querendo pôr esse homem para fora, mas o Mestre não dava atenção ao que acontecia.

Certa noite, um discípulo apareceu na reunião exibindo um largo sorriso. 'Mestre', disse, exultante, 'o seu inimigo, o crítico, morreu!'

"'Oh, que infelicidade!', gritou o santo, os olhos marejados de lágrimas. 'Estou extremamente infeliz. O meu melhor amigo deixou este mundo. Ele era o único que estava disposto a me ajudar apontando os meus defeitos. Será que um dia encontrarei outra pessoa tão preocupada com o meu bem-estar como ele?'"

21

A um discípulo curvado com o peso das dúvidas espirituais, Yogananda disse: "Não fique dependente da razão. Eis onde Satã prega peças. A razão é como uma espada com um cabo liso. Se você não tiver domínio sobre ela, ela pode se mostrar perigosa. Um gesto canhestro, e, em vez de golpear o inimigo, você pode acabar se ferindo.

"No momento em que a dúvida vier fazer parte da sua mente, afaste-a. Anule-a, trabalhando para Deus. Encare-a como uma tentação de Satã.

"Krishna disse no *Bhagavad Gita*: 'Quem tem dúvidas, ó Arjuna, é o mais infeliz dos mortais.'"

22

"Há dois tipos de dúvida: a dúvida destrutiva e a dúvida construtiva.

"A dúvida destrutiva equivale ao ceticismo comum. As pessoas que adotam essa atitude são tão cegas na sua descrença quanto qualquer fanático com respeito ao seu fanatismo. Para essas pessoas, o exame imparcial não tem importância. Visam apenas ao aspecto que haverá em rejeitar novas ideias, e que corresponde às próprias opiniões ou às opiniões que predominam.

"O ceticismo é como a estática no rádio da mente. Ele impede uma pessoa de receber as transmissões da intuição advindas do silêncio interior.

"A dúvida construtiva, por outro lado, equivale ao exame esclarecido, justo e imparcial. Os que cultivam essa atitude jamais julgam de antemão uma ideia. Tampouco aceitam como válida a opinião alheia destituída de fundamento. Eles conservam a mente aberta e baseiam suas conclusões em provas objetivas. Buscam acima de tudo constatar conclusões por meio da própria experiência.

"Essa é a abordagem correta da verdade."

23

Um discípulo se encontrava acossado por dúvidas com respeito a si mesmo. Yogananda diversas vezes tentou encorajá-lo, mas sem muito sucesso. Certo dia, ele falou ao discípulo:

"Os pensamentos têm o poder de se materializar. Fique alerta para que você não atraia, através do medo, justamente as situações de que você tem medo. Deus o abençoa constantemente, porém, devido às dúvidas que você sente, você se fecha à Sua graça, e a graça é aquilo que haveria de acabar com as suas ilusões.

"Swami Shankara", prosseguiu ele, "tinha uma aluna que costumava ir até ele todas as vezes sentindo medo e insegurança. 'E se isso acontecer?', queixava-se a jovem, 'E se eu agisse assim?'

"Certo dia, essa mulher disse para ele: 'Mas, suponha que eu morra?'

"Shankara olhou para ela calmamente e disse: 'Está certo, pode morrer!', e a mulher caiu sem vida no chão.

"Não foi Swami Shankara o responsável pela morte da mulher. Ele simplesmente permitiu que a força do pensamento dela se materializasse por fim, assim como teria acontecido muito mais cedo caso ele não a tivesse abençoado várias vezes. Desse modo, a alma dessa mulher recebeu uma boa lição, que o guru em vão estivera tentando transmitir a ela de maneira menos violenta."

24

"Suas atitudes mentais são importantes. O progresso espiritual não significa apenas praticar as técnicas de yoga!

"Toda vez que você tem bons pensamentos, a *kundalini** começa a se mover para cima. Toda vez que você odeia pessoas ou tem pen-

---

* A força vital, à medida que flui pela espinha abaixo desde o cérebro durante a criação do corpo físico, torna-se polarizada. O polo positivo está concentrado no lóbulo frontal do cérebro no ponto a meio caminho entre as sobrancelhas. O polo negativo está concentrado na base da espinha, na região do cóccix.
Nesse polo negativo, a energia representa o "fim da linha", por assim dizer, para o movimento exterior da força vital em seu impulso para penetrar o mundo material. Dessa forma, a energia negativa fica presa nesse ponto. Ela deve ser impelida a partir da sua prisão, e dirigida de volta até o cérebro, a fim de que ocorra a iluminação espiritual. Esse ponto fulcral da energia negativa é chamado de *kundalini*. Daí o fato da grande atenção que se dá às técnicas de yoga com o objetivo de despertar a *kundalini*.
Santa Teresa de Ávila descreveu a experiência dessa força – sem, evidentemente, dar-lhe um nome. "Em êxtase", escreveu ela, "a alma esvoaça, subindo como uma bala disparada de uma arma." (*Org.*)

samentos cruéis sobre elas, a *kundalini* automaticamente se move para baixo. Quando você ama os outros sem egoísmo, ou tem pensamentos de bondade em relação a eles, ela se move para cima na espinha.

"A *kundalini* não é despertada apenas pelas técnicas."

25

"Repita sempre para você mesmo o seguinte: 'Eu não tenho idade. Sou eterno. Vivo na intemporalidade. Fui criado antes de as galáxias serem formadas.'"

26

"Não importa quão distante Deus pareça estar de você; viva sempre pensando que você pertence a Ele.

"E não importa quão real se afigure a sua vida material, e quão real pareça o seu apego a ela; fique distante lembrando sempre do caráter efêmero desta vida material.

"Uma folha de grama parece minúscula quando você a compara a extensão do seu braço; porém, quando você a aproxima do seu olho, ela parece grande. Ainda assim, as experiências desta vida parecem importantes a você ('tão grande quanto a vida' – não é essa a expressão?) pelo simples fato de você as encarar muito de perto. Você permite que elas absorvam totalmente seus pensamentos e sentimentos.

"Afaste-se dessas experiências mentalmente, ainda que só um pouquinho, e você compreenderá de imediato quão insignificantes elas são se comparadas à verdade muito mais ampla que acena para você do Infinito."

Capítulo 20

A AUTORREALIZAÇÃO

◼

1

Paramhansa Yogananda falou: "Quando a mente é interiorizada e afastada da sua identificação com o mundo e com o corpo, a luz interior adquire um foco claro e estável. Os sons interiores passam a absorver todas as coisas. *Aum* se apossa do cérebro; sua vibração desce pela espinha, abrindo as portas dos sentimentos do coração, fluindo depois para o corpo. O corpo todo vibra com o som de *Aum*.

"Aos poucos, com uma meditação cada vez mais profunda, a consciência se expande com esse som. Movendo-se além dos limites do corpo, ela acolhe a amplitude da vibração infinita. Você passa a compreender a sua identidade com todas as coisas que existem na forma de *Aum*, a Vibração Cósmica.

"Esse estado é conhecido como *Aum Samadhi*, ou união com Deus na forma de Som Cósmico. *Aum* é aquele aspecto da Trindade cristã conhecido como Espírito Santo ou Verbo de Deus.

"Por meio de uma meditação ainda mais profunda, a pessoa percebe no corpo físico, por trás da vibração do *Aum*, a calma destituída de vibração da Consciência de Cristo – o reflexo na criação do espírito estático além da criação.

"Na antiga tradição espiritual, a Consciência de Cristo é conhecida como o Filho, pois, assim como, entre os seres humanos, o filho é um reflexo do pai, assim também na consciência cósmica o Cristo – em sânscrito, chamado de Krishna ou *Kutastha Chaitanya* – reflete em todas as coisas a consciência de Deus, o Pai, além da criação.

"Por meio de uma meditação sempre mais profunda, a pessoa expande a percepção que tem da Consciência de Cristo além dos limites do corpo para perceber por fim sua unidade com a Consciência de Cristo, que é a base sobre a qual se assenta o universo manifesto.

"Por meio de uma meditação ainda mais profunda, a pessoa vai além da criação e une sua consciência com a do Pai, *Satchidananda*, o grande oceano do Espírito.

"Nesses estágios progressivos da compreensão são revelados, em ordem contrária, os três aspectos da Trindade: Pai, Filho e Espírito Santo.

"Jesus foi chamado de Cristo. A maioria das pessoas não tem consciência de que Cristo não foi o nome dado a ele no nascimento. Foi um título que significava 'o ungido de Deus', ou o 'escolhido por Deus'.*

"Da mesma forma, na Índia, Krishna era realmente Jadava *o* Krishna – ou *Christna*, forma escrita que encontramos algumas vezes usada para mostrar que o sentido é o mesmo.

"Jesus foi um mestre. Ele alcançou a Consciência de Cristo. Quem quer que alcance esse estado de consciência pode ser chamado justificadamente de o Cristo, pois aniquilou o seu ego na consciência infinita.

"*Aum*, o Espírito Santo, também é mencionado nas antigas tradições como a Mãe, pois representa o aspecto feminino de Deus.

"A Igreja Católica Romana ensina que a pessoa deve passar pela Mãe para chegar a Cristo. Para os católicos, evidentemente, a Mãe significa Maria, a mãe de Jesus. Apesar de tudo, isso é uma verdade, embora seja mais profunda do que a ideia geralmente aceita a respeito.

---

* Lucas 23:35.

"Pois, para alcançar a Consciência de Cristo, você deve primeiramente unir sua consciência com *Aum*, a Vibração Cósmica.

"A autorrealização significa a compreensão de que a sua verdadeira personalidade não é o ego, mas Deus, o grande oceano do Espírito que por algum tempo manifestou a diminuta onda da percepção que hoje você vê como você mesmo."

2

"Eu li que a Trindade cristã equivale à Trindade hindu de Brahma, Vishnu e Shiva", observou um estudante de religiões comparadas. "Isso é verdade?"

"Não", replicou Paramhansa Yogananda. "Brahma, Vishnu e Shiva personificam os três aspectos de *Aum*, a vibração que cria, preserva e destrói o universo. Daí Brahma ser o Criador, Vishnu, o Preservador e Shiva, o Destruidor.

"*Aum*, que por vezes é transcrito em inglês na forma de OM, com duas letras, é mais bem transcrito com três letras – AUM. A primeira letra representa a vibração criativa; a segunda a vibração que preserva; e a terceira, a vibração que destrói – aquilo que elimina o universo criado e o devolve à forma de Silêncio Infinito.

"Em inglês, *Aum* às vezes é escrito com duas letras na forma de OM porque o O inglês é um ditongo e porque a maioria das pessoas, ao ler *Aum*, pronuncia o A longo como na palavra '*car*' [carro]. Esse A longo é um erro. 'OM' é a pronúncia correta.

"*Aum* é tradicionalmente cantado três vezes, como um lembrete dos seus três aspectos. Na primeira vez, ele é pronunciado alto; na segunda, mais baixo; e na terceira, mais baixo ainda. Essas são as diferenças em som entre as três vibrações do som cósmico. Brahma, a vibração criativa, apresenta um som alto; Vishnu, a vibração que preserva, apresenta um som um pouco mais baixo; e Shiva, a vibração que tudo dissolve, é um som baixo e profundo.

"A Trindade hindu que equivale à Trindade da Cristandade chama-se *Aum-Tat-Sat*: *Aum*, o Espírito Santo; *Tat*, o *Kutastha Chaitanya*, ou Consciência de Cristo; e *Sat*, o aspecto de Deus relativo ao Pai, o Espírito além de toda vibração. *Sat* significa 'existência'. Essa palavra posteriormente foi definida por Swami Shankaracharya como *satchidananda*, que eu traduzi como 'sempre-existente, sempre-consciente, sempre renovada bem-aventurança'."*

3

Um discípulo perguntou: "Quando uma pessoa pode ser considerada um mestre?"

"Uma pessoa é um mestre", Paramhansa Yogananda respondeu, "quando essa pessoa alcançou a Consciência de Cristo."

4

"Seus ensinamentos esclarecem maravilhosamente os escritos dos grandes místicos cristãos", exclamou um estudante desses escritos.

"A verdade é sempre simples", replicou o Mestre, "ainda que, na sua simplicidade, algumas vezes ela não seja fácil de ser assimilada pela mente humana. A ave que nasceu numa gaiola não pode acreditar facilmente que a sua verdadeira natureza é pairar livremente sobre os bosques e prados. Ainda assim, a mente humana acha difícil imaginar sua liberdade nativa na onipresença.

"Entretanto, é uma denominação imprópria chamar essas grandes almas de 'místicos'. A verdade divina não é mística! As pessoas pensam

---

* Os nomes Brahma, Vishnu e Shiva, cada qual considerado por si mesmo em vez de como uma parte da Trindade, são usados individualmente também como uma referência ao Espírito Absoluto. (Org.)

no mundo material como a realidade, e nesse domínio interior como algo vago e indistinto. Estão enganadas. O grande mistério é a razão pela qual tantas pessoas continuam satisfeitas com este mundo ilusório dedicando tão pouca energia na busca da Verdade que está por trás dele.

"A grande confusão está na própria percepção que as pessoas têm da Verdade. As pessoas materialistas, não os santos, são os verdadeiros 'místicos'!

"O misticismo é uma denominação imprópria também porque desenvolve esse aspecto vago nos esforços espirituais das pessoas. Quando a mente aceita esse aspecto vago como uma abordagem aceitável da Verdade, fica fácil errar em meio ao mundo obscuro da imaginação subconsciente, em vez de exercer a força de vontade e a concentração necessárias para penetrar o superconsciente."

5

"O que é *samadhi*?", perguntou um visitante. "Li sobre o *samadhi* em livros, mas acho que essa palavra não está clara para mim."

"*Samadhi*", respondeu Yogananda, "é a compreensão de que você é muito mais do que esse corpo físico. Por 'compreensão' não entendo uma assimilação intelectual. 'Uma compreensão' desse tipo é uma coisa imaginária. Entendo por essa palavra o estado do ser em que a pessoa se encontra verdadeiramente consciente de si própria em todo o espaço, em toda parte.

"Observei a uma pessoa outro dia: 'Você está com um gosto amargo na boca, não está?'

"'Como você soube disso?', a pessoa perguntou. Ela estava muito impressionada.

"'Eu sei porque me encontro tanto no seu corpo como no meu.'

"No *samadhi*, você tem consciência do que está se passando a distância. Na verdade, isso não é distante para você. Sua consciência abarca a onipresença. Você percebe o corpo humano como uma parte infinitesimal da sua realidade infinita.

"Há dois estados de *samadhi*. No primeiro, a consciência se funde no Infinito durante a meditação. Entretanto, o yogue não pode preservar esse estado quando ele para de meditar. Esse estado é conhecido como *sabikalpa samadhi*.

"O estado seguinte é chamado de *nirbikalpa samadhi*. Neste estado de consciência você conserva a sua compreensão divina até mesmo quando trabalha, fala ou anda pelo mundo. *Nirbikalpa* é a compreensão mais elevada. Quando se alcança esse estado, não há mais possibilidade de a pessoa se iludir novamente.

"Fiz essa distinção num canto que compus certa vez:

"'No yoga do *sabikalpa samadhi*
Hei de mergulhar no meu Eu superior.
No yoga do *nirbikalpa samadhi*
Hei de me encontrar no meu Eu superior.'

"Jesus Cristo também falou de mergulhar o eu diminuto no Eu infinito. Ele disse: 'Porque aquele que quiser salvar a sua vida, haverá de perdê-la, mas aquele que tiver sacrificado a sua vida por minha causa, haverá de recobrá-la.'"*

6

"Havia um devoto que estava sentado diante da imagem do seu guru, cantando e lançando flores a ela como prova da sua devoção. Sua concentração tornou-se tão profunda que, de uma vez só, ele contemplou todo o universo contido na sua consciência.

"'Ah!', ele gritou. 'Estive colocando flores na imagem de outra pessoa, mas agora vejo que eu, sem ter sido tocado por esse corpo,

---

* Mateus 16:25.

sou Aquele que Ampara o Universo. Curvo-me ao meu Eu superior!', e começou a lançar flores sobre a própria cabeça."

7

"A autorrealização é o conhecimento, em todas as partes do corpo, da mente e da alma, de que você agora está na posse do reino de Deus; de que você não tem de rezar para que ele venha até você; de que a onipresença de Deus é a sua onipresença; e de que tudo aquilo de que você necessita é melhorar o seu conhecimento."

8

"Quando você encontrará Deus? Quando cessarem todos os seus desejos por outras coisas. Quando você compreender que Ele é a única coisa que vale a pena ter. Quando todo pensamento, todo sentimento, for purgado com o amor de Deus."

Impresso por :

gráfica e editora
Tel.:11 2769-9056